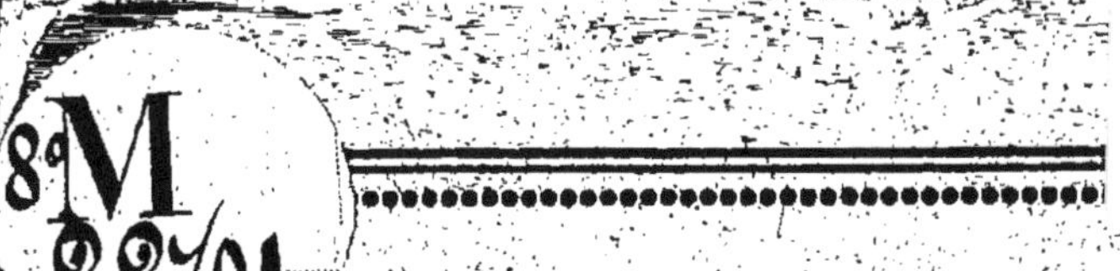

LE CONGRÈS DES AMIS DE L'U.R.S.S.

(Novembre 1927)

BUREAU D'ÉDITIONS
132, faubourg Saint-Denis
PARIS - Xe

Prix : 5 francs

Le Congrès des Amis de l'U. R. S. S.

Le
Congrès des Amis de l'U. R. S. S.

BUREAU D'ÉDITIONS
132, Faubourg Saint-Denis
Paris (X^e)

Composition de la délégation au Congrès des Amis de l'U. R. S. S.

1. Au point de vue national

1. Autriche	50 dél.	22. Mongolie	6 dél.
2. Amérique	46 »	23. Maroc	1 »
3. Angleterre	109 »	24. Norvège	28 »
4. Argentine	7 »	25. Pologne	12 »
5. Pays balkaniques	5 »	26. Portugal	28 »
6. Belgique	38 »	27. Thibet	2 »
7. Brésil	1 »	28. France	143 »
8. Vénézuela	1 »	29. Philippines	1 »
9. Allemagne	167 »	30. Finlande	22 »
10. Hollande	6 »	31. Tchécoslovaquie	77 »
11. Hedjaz	1 »	32. Chili	1 »
12. Danemark	25 »	33. Suisse	20 »
13. Indes	7 »	34. Suède	37 »
14. Irlande	11 »	35. Ecosse	5 »
15. Espagne	1 »	36. Esthonie	23 »
16. Italie	8 »	37. Equateur	1 »
17. Canada	1 »	38. Afrique du Sud	3 »
18. Chine	22 »	39. Java	2 »
19. Cuba	1 »	40. Japon	4 »
20. Lettonnie	15 »		
21. Méxique	9 »	Total	927 dél.

2. Au point de vue syndical

Métallurgistes	110 dél.	Cuirs et Peaux	10 dél.
Mineurs	36 »	Ports et docks	12 »
Textile	33 »	Manœuvres	33 »
Bâtiment	35 »	Ouvriers agricoles	49 »
Transports	25 »	Divers	382 »
Services communaux	22 »	Non-syndiqués	136 »
Livre-Papier	25 »		
Bois	19 »	Total	927 dél.

3. Profession des intellectuels délégués au Congrès

Savants	18 dél.	Ingénieurs	7 dél.
Artistes peintres	10 »	Ecrivains	27 »
Docteurs	11 »	Journalistes	27 »
Instituteurs	5 »	Avocats	12 »

Préface

Le Congrès des Amis de l'U.R.S.S. qui s'est tenu à Moscou du 10 au 12 novembre 1927, est un événement d'une portée mondiale. Ni les amis, ni les ennemis n'avaient pensé qu'il acquerrait une telle portée *mondiale*. On pensait que le Congrès ne serait qu'une simple manifestation de sympathie envers l'U.R.S.S., de la part des hôtes réunis à l'occasion du dixième anniversaire de la révolution d'Octobre. On pensait que le Congrès serait tout simplement une sorte de réponse à la chaleureuse hospitalité prolétarienne que les ouvriers, les paysans et le gouvernement de l'U.R.S.S. ont accordée à nos hôtes venus de l'étranger. Sans doute, chacun n'appréciait pas de la même façon l'importance du congrès; mais il est incontestable que le véritable sens *politique*, la véritable *importance* du Congrès ne sont apparus qu'au cours de ses travaux. Ils apparaîtront d'une façon bien plus nette encore lorsque les délégués, de retour chez eux, commenceront l'action de masse et la lutte pour appliquer les tâches pratiques et politiques formulées dans les résolutions adoptées par le Congrès.

L'histoire du Congrès et les conditions dans lequel il a été convoqué

Par elles-mêmes, l'histoire du congrès et les conditions dans lesquelles il a été convoqué méritent l'attention.

Le congrès des Amis de l'U.R.S.S. a été convoqué sur l'initiative du Comité national britannique pour l'envoi d'une délégation ouvrière dans l'U.R.S.S. Le 7 octobre, le Comité envoyait le télégramme suivant au Conseil central des syndicats de l'Union soviétique :

« Le Comité national britannique d'organisation des délégations ouvrières dans l'U.R.S.S. a reçu l'assentiment des secrétariats des délégations française, belge, allemande et autrichienne pour l'organisation d'un Congrès en vue de discuter et d'élaborer les mesures nécessaires pour la défense de l'Union soviétique contre les dangers de guerre. Le Conseil central des syndicats de l'U.R.S.S. est-il d'accord avec cette proposition et se charge-t-il du travail de préparation du congrès? »

Après avoir discuté ce télégramme, le Bureau du Conseil central des syndicats envoyer sa réponse :

« Le Bureau du Conseil central des syndicats de l'U.R.S.S. est d'accord avec la proposition d'organiser un congrès international. Nous ferons tous nos efforts pour vous aider, ainsi que les autres délégations, dans cette affaire. »

C'est par ce bref échange de télégrammes qu'a commencé formellement la première phase de préparation du congrès, la première étape de la lutte qui a été menée autour de ce congrès. Cette lutte a divisé nettement tout le mouvement ouvrier en deux camps. Inutile de dire que, dans l'un des camps, se trouvaient également la bourgeoisie et ses gouvernements. Une campagne frénétique avait déjà été déclenchée contre l'envoi des délégations ouvrières dans l'U.R.S.S. Lorsqu'on sut qu'à Moscou les délégations se réuniraient en congrès, avec un ordre du jour précis, la bourgeoisie redoubla de fureur et la campagne de la presse jaune (alimentée par la campagne antisoviétique des partisans de l'opposition trotskiste) porta toute son attention sur la lutte contre l'envoi des délégations. Toute la machine d'agitation et de coercition de la bourgeoisie a été mise en mouvement. Du policier à l'extrême-gauchiste, chacun contribua à la lutte contre l'envoi des délégations.

En plus des flots de calomnies contre l'Union soviétique et le parti communiste, calomnies bêtes (dans le genre des insurrections et des arrestations à Moscou, de la fuite de Trotsky, etc.) ou raffinées (dans l'U.R.S.S., les paysans n'ont aucun droit, c'est le prolétariat qui règne sur eux en dictateur — disait la bourgeoisie; le prolétariat n'a aucun droit, il subit la dictature du parti communiste et de son Comité central, qui favorisent le paysan riche — affirmaient les social-démocrates), en plus des sombres descriptions de la situation de la classe ouvrière et de la paysannerie, la bourgeoisie et les social-traîtres recouraient à des moyens plus convaincants.

Voyant que toute la campagne de mensonges était impuissante à étouffer la sympathie profonde du prolétariat à l'égard de l'Union soviétique, la bourgeoisie a ajouté, à la propagande, la coercition. On arrêta des délégués, des délégations entières, on refusa les visas et les passeports, on menaça les délégués de les priver de leurs droits de citoyens s'ils persistaient à se rendre en U.R.S.S.; les délégués, membres des partis et des syndicats réformistes, furent menacés d'exclusion. En un mot, toute la ménagerie bourgeoise fut mobilisée contre le congrès et ses délégués. Et ces menaces — les délégués le savaient par expérience — n'étaient nullement vaines. En effet, plusieurs délégués n'ont pu partir, d'autres n'ont pu arriver à temps pour l'ouverture du Congrès, ou ne sont arrivés qu'après la fin du congrès. Selon les informations que nous avons reçues, certains délégués ont été exclus des partis et des syndicats auxquels ils appartenaient.

Mais le mur de la résistance bourgeoise-réformiste a été brisé. De tous côtés, de tous les coins du monde, les délégations ont afflué dans l'U.R.S.S. Des fabriques, des usines, des organisations les plus diverses : coopératives, syndicales, paysannes, sportives et autres, de tous les pays du monde : de l'Angleterre, de la France, de l'Allemagne, de l'Amérique, du Chili, de l'Afrique, de Java, de l'Inde, de la Chine, du Thibet, de la Turquie, de l'Albanie, etc., etc., de plus de 40 pays, sont arrivés environ 950 délégués, au moment de l'ouverture du congrès. Pour juger de toute l'importance de cette lutte, il suffit de s'arrêter sur trois pays principaux.

La délégation allemande, la plus nombreuse (176 personnes) a rencontré toutes sortes d'obstacles. Les social-démocrates ont déployé le maximum d'ignominie et d'énergie pour l'empêcher de partir. Ils ont déclenché une campagne pour l'amnistie en faveur des menchéviks et s.-r. russes. Et pourtant, la délégation comprenait 77 militants syndicaux, 5 représentants des organisations syndicales, 5 coopérateurs, etc.

En Angleterre, la lutte fut encore plus acharnée. Il est passé le temps où le Conseil Général prenait figure d'ami de l'Union soviétique. Les derniers événements (la grève générale, la rupture des relations anglo-russes et du Comité d'unité anglo-russe) l'ont mis dans les rangs des défenseurs avoués et actifs de l'impérialisme le plus frénétique. La presse mit tout son zèle à prédire l'échec du Congrès. Le *Morning Post*, organe de la réaction, demandait que l'on privât les délégués de leurs droits de citoyens. Très caractéristique fut la conduite de Brockway, président de l'Independent Labour Party, qui a récemment publié un article en faveur de la fusion de la IIe et de la IIIe Internationale (Sa conduite montre d'ailleurs ce qu'il entend par fusion). Ce monsieur, se rendant compte de la sympathie des masses ouvrières anglaises pour la révolution d'Octobre, s'est vu contraint de proclamer, lui aussi, sa « sympathie » à l'égard de l'U.R.S.S. Mais, il refusa d'aller dans l'U.R.S.S. parce que, voyez-vous, il n'y a pas, là-bas, de liberté, étant donné que les anciens et nouveaux alliés de Churchill et de Brockway lui-même, les menchéviks et les s.-r., sont en prison. Telle a été la pression d'en bas, telle a été la résistance d'en haut. La délégation anglaise a réuni 127 personnes. La lutte a été semblable même en France, d'où est partie une nombreuse délégation de 147 personnes.

Nous n'aurions pu juger à sa valeur l'importance du Congrès si nous n'avions pas tenu compte de la lutte qu'il a fallu mener pour pouvoir l'organiser. Cette lutte a montré que ce n'était pas un congrès de parade, une assemblée de touristes curieux : *Le Congrès était une phase de la lutte de classe acharnée entre la classe ouvrière et la bourgeoisie et, d'autre part, de la lutte au sein de la classe ouvrière elle-même entre le réformisme et les masses qui évoluent à gauche, mais qui ont nettement pris position en tant que partisans de la révolution d'Octobre, de Lénine, contre Mac Donald.* Mais, pour le moment, laissons de côté l'appréciation de cette lutte et contentons-nous de la décrire.

Qu'a été le Congrès des Amis de l'U. R. S. S.?

Pour répondre à cette question, il faut étudier quelle a été sa composition et quelle place il occupe dans l'ensemble de la lutte de classe du prolétariat.

Avant tout ce fut un congrès mondial, auquel ont participé les représentants de 43 pays, appartenant à tous les continents. Ces représentants ont été délégués par les principales organisations de classe des travailleurs de ces pays. Chaque pays avait une représentation à peu près proportionnelle à son importance mondiale. Il suffit, pour s'en convaincre, de parcourir la liste des pays et des délégués[1].

D'autre part, le Congrès a surtout été composé d'ouvriers. La composition syndicale des délégations en fait foi.

Sur 927 délégués, il n'y en a que 126 qu'on peut classer parmi les intellectuels (journalistes, savants, artistes, hommes politiques, avocats, etc.). Tous les autres, environ 800, sont exclusivement des ouvriers et des paysans. Ainsi, le caractère ouvrier du Congrès ne peut faire aucun doute. Bien que les principaux groupes de la classe ouvrière (métallurgistes, mineurs, textile, bâtiment, ouvriers agricoles, manœuvres) aient été assez fortement représentés au Congrès, presque tous les groupes de la classe ouvrière furent cependant représentés.

La composition politique du Congrès fut très caractéristique. Elle montre que : 1° les principaux partis des travailleurs : du prolétariat et de la paysannerie, y ont été représentés; 2° les communistes représentaient moins d'un tiers des délégués; 3° par contre, le nombre des sans-parti et, avant tout, des membres des partis de la IIe Internationale (environ 250) était à peine moins élevé.

Si l'on examine ensuite la liste des organisations : syndicats, fabriques, usines, formations paysannes, coopératives, ancien combattants, Ligue des Droits de l'Homme, Ligue antimilitariste, sociétés sportives, Secours Rouge, Secours Ouvrier, etc., qui ont envoyé des délégués, nous

[1] Voir tableau page 4.

constatons que ce *fut vraiment un congrès mondial des ouvriers d'Europe, d'Amérique et des peuples opprimés du monde entier.*

Posons-nous maintenant une deuxième question. Quelles sont les principales idées qui ont groupé entre elles les délégations, quelle a été la place du Congrès dans la lutte de classe du prolétariat?

Incontestablement, trois courants principaux ont fusionné au congrès. Le premier est celui des délégations ouvrières. Ces délégations ont comparé pratiquement les résultats de la politique d'Octobre avec ceux de la politique du réformisme, la politique de Lénine avec la politique de Mac Donald, de Vandervelde. C'est en 1925 qu'est arrivée chez nous la première délégation allemande. Elle était principalement composée de militants ouvriers travaillant en usine, élus par les masses elles-mêmes. Cette délégation a montré que les idées de la révolution d'Octobre ont pénétré dans les masses ouvrières, malgré l'idéologie réformiste, qui exerce encore sur elles une influence considérable. Puis ces idées ont fait des progrès. La première délégation a été suivie d'une seconde. Après la délégation allemande sont venues les délégations suédoise, tchéco-slovaque, autrichienne, etc. Enfin, à l'occasion du dixième anniversaire de la révolution d'Octobre, les délégations ouvrières sont venues chez nous par dizaines en surmontant tous les obstacles dressés sur leurs pas.

La classe ouvrière a un grand exemple historique, un exemple qui n'a pas de pareil dans l'histoire.

D'une part, dans un pays pauvre, ruiné, objet de la haine de la bourgeoisie et du réformisme des autres pays, on a suivi pendant dix ans, la politique du léninisme, la politique de la dictature du prolétariat. D'autre part, dans tout le reste du monde, on a pratiqué la politique du réformisme. Or, quel est le bilan? Dix ans de dictature du prolétariat ont obligé la classe ouvrière à réfléchir. D'une part, la grande démocratie prolétarienne, le pouvoir ouvrier, l'amélioration systématique des conditions d'existence politiques, culturelles et matérielles des ouvriers et, en général, des travailleurs. D'autre part, les exécutions, la destruction des organisations ouvrières, la négation de tous les droits politiques, l'offensive contre les conditions d'existence des masses ouvrières, la baisse des salaires, etc. D'une part, un pays « arriéré » qui adopte la journée de 7 heures ; d'autre part, les pays « avancés » prolongent systématiquement la journée de travail jusqu'à 10 heures. Personne n'affirme que, dans l'U.R.S.S., tous les ouvriers vivent matériellement aussi bien que, par exemple, aux Etats-Unis; mais, dans l'U.R.S.S., la classe ouvrière améliore chaque année ses conditions d'existence, tandis que, dans les pays capitalistes, la bourgeoisie et les réformistes mènent une offensive acharnée contre la classe ouvrière. Les masses ouvrières font toutes ces comparaisons, malgré la campagne de calomnies. C'est pourquoi les masses ont envoyé leurs délégations. La brèche faite par les premières délégations ouvrières s'élargit de plus en plus, la vague de sympathie à l'égard de l'Union soviétique devient de plus en plus forte.

Le second groupe est constitué par les délégations paysannes. Dans un grand nombre de pays, les paysans vivent encore sous le joug des seigneurs fonciers; ils sont écrasés d'impôts et de taxes de toutes sortes. L'asservissement féodal est complété par la servitude capitaliste des usuriers, des bourgeois des campagnes, des banques, etc. La Chine, l'Inde, la Pologne, la France et les autres pays en sont des exemples. Ce n'est que dans l'U.R.S.S.

qu'a été radicalement résolue la question agraire. Les paysans travailleurs y jouissent de l'appui sans réserve de l'Etat. La coopération englobe de plus en plus les masses des paysans moyens et pauvres, ainsi que les ouvriers agricoles. Ces derniers ont les mêmes droits que tous les autres travailleurs et des organisations pour défendre leurs intérêts. Le socialisme renforce de plus en plus ses points d'appui dans le domaine de l'économie agricole. Malgré toutes les contradictions du développement de l'Union soviétique, chacun comprend que c'est contre ces contradictions qu'on lutte; que les ouvriers et les paysans de l'U.R.S.S., dans leur œuvre édificatrice, ne souffrent pas d'une insuffisance du pouvoir politique (le pouvoir politique est, chez nous, suffisant, pleinement suffisant », a dit Lénine). Les paysans des autres pays se rendent compte de tout cela et c'est ce qui explique leur sympathie croissante à l'égard de l'U.R.S.S. et les nombreuses délégations qu'ils ont envoyées à l'occasion de l'anniversaire de la révolution d'Octobre.

Le troisième courant est représenté par les nombreuses délégations des peuples opprimés. Dès le début, l'U.R.S.S. a été le centre d'attraction de tous les peuples opprimés de la terre. Ce n'est qu'ici que ces peuples opprimés trouvent un appui sincère. Ce n'est qu'ici qu'il n'y a pas d'oppression nationale, que la question nationale est entièrement résolue. C'est ce qui explique les nombreuses délégations qu'ils ont envoyées pour fêter la Révolution qui a instauré ce régime.

On voit donc clairement ce qu'a été le congrès. Il a été *le large front unique des ouvriers et des opprimés du monde entier avec l'U.R.S.S. sous le drapeau de la Révolution mondiale.*

Cela explique l'importance mondiale de ce mouvement. Il marque une nouvelle étape dans les rapports entre l'U.R.S.S., patrie des travailleurs et des opprimés du monde entier, et les masses de ces derniers, un pas en avant vers l'établissement de rapports plus étroits et mieux organisés. C'est le front unique, car il y avait au congrès des communistes, des sans-parti, des membres des partis de la IIe Internationale. Il y avait des ouvriers, des paysans, des représentants des peuples opprimés, qui, tous, malgré leurs leaders, leurs gouvernements, malgré même leur propre idéologie, ont été poussés par leur sympathie à l'égard de la révolution d'Octobre, à l'égard de l'U.R.S.S. et par la nécessité de la lutte contre le capitalisme et ses auxiliaires. On s'en rend mieux compte encore en examinant la politique des travaux du congrès.

Le contenu politique des travaux du Congrès

Deux questions étaient à l'ordre du jour du congrès:

1° Dix années d'existence du pouvoir soviétique; 2° la défense de l'U.R.S.S. contre les dangers de guerre impérialiste. Grâce aux débats sur la première question, le congrès devait faire le bilan de l'expérience de dix années d'existence de l'Union soviétique, formuler une appréciation complète de cette expérience, mettre au jour les résultats de l'édification socialiste, en révéler les lacunes et donner des conseils fraternels et amicaux pour le travail futur, en vue de surmonter les difficultés à venir.

Qu'a dit le congrès sur la première question?

Le congrès a, avant tout, souligné que les résultats obtenus par l'Union soviétique, dans le domaine de l'édification socialiste, ont un caractère socialiste. « Le socialisme, par les faits, par l'expérience réalisée sur la sixième partie du globe terrestre a montré sa viabilité ». Le niveau matériel et culturel des masses s'élève. L'établissement de la journée de 7 heures, fait unique dans l'histoire de l'humanité, marque une nouvelle époque dans l'histoire du travail. Il est une preuve incontestable du contenu socialiste du régime soviétique.

Le congrès, comme l'a dit Henri Barbusse, a été un congrès de témoins. Les délégués ont été surpris par la large participation des masses laborieuses à l'édification socialiste. Partout, ils ont constaté l'union du peuple révolutionnaire avec le gouvernement révolutionnaire. Cela les a surpris, car cela n'existe dans aucun autre pays. Partout, la principale devise des classes dominantes et de leurs gouvernements est de ne pas laisser le peuple approcher trop près du pouvoir. La plus petite distance, c'est la portée d'un fusil. On l'a vu en Autriche, en Allemagne, en Angleterre, en Amérique, dans l'Inde, dans toutes les colonies, dans tous les pays du monde.

Ils ont été surpris de l'union de l'Armée rouge avec la population laborieuse. Partout ailleurs ils ont vu que l'armée existe pour combattre le peuple et les peuples. Mais, dans l'Union soviétique, il se passe une chose inouïe. Dans ce pays, l'armée a pour but la défense des intérêts du peuple. L'Union soviétique elle-même, en tant qu'Etat, travaille pour les prolétaires opprimés du monde entier. Le rapport fait par Rykov, devant le congrès, est, dans ce sens, de la plus haute importance. Comme le disait Rykov:

« Le gouvernement de l'Union se sent responsable non seulement devant les ouvriers et les paysans de l'U.R.S.S. qui l'ont élu, mais aussi devant tous ceux qui se donnent pour tâche la lutte pour la paix, pour le socialisme, pour la suppression de l'exploitation de l'homme par l'homme, pour l'anéantissement de la violence exercée par certains pays sur les autres. »

Le congrès a pu ainsi constater de ses propres yeux que l'U.R.S.S. est vraiment l'Etat des larges masses du peuple travailleur. C'est pourquoi, dans sa résolution, il déclare : « Si, par démocratie, on entend la participation des plus grandes masses à la gestion quotidienne du pays, une telle démocratie n'existe que dans l'Union soviétique. » C'est pourquoi le congrès devait logiquement discuter la question de la défense de l'Union soviétique contre toute agression impérialiste. C'est ce qu'il a fait dans le second point de l'ordre du jour.

Qu'a dit le congrès sur le second point?

« Nous considérons la guerre contre l'Union soviétique comme un acte de contre-révolution infâme, comme le plus grand crime contre l'humanité laborieuse. » Voilà ce qu'a déclaré le congrès. La guerre contre l'Union soviétique est une guerre contre la classe ouvrière et contre les paysans, dans l'intérêt des féodaux et des capitalistes. De cette façon, le congrès a défini d'une façon non équivoque le caractère social de la guerre impérialiste qui se prépare contre l'Union soviétique. *Ce sera la guerre des capitalistes et des féodaux contre les ouvriers et les paysans.*

Avec autant de netteté, le congrès a condamné l'aventure impérialiste en Chine et a décidé qu'il fallait, « de toutes ses forces, défendre les peuples opprimés et, en premier lieu, le grand peuple chinois » contre les forces unies des impérialistes et de la contre-révolution féodale-bourgeoise.

Le congrès n'a pas négligé de porter également son attention sur la question du rôle des différentes forces dans la guerre qui se prépare, « La prétendue Société des Nations a montré qu'elle n'était autre chose que le bloc des grandes puissances capitalistes, dirigé en premier lieu contre l'Union soviétique, une association dont le but est la lutte sans merci contre le prolétariat et le socialisme. » Le congrès a ensuite souligné le rôle dirigeant que les classes dominantes d'Angleterre jouent dans la préparation de la guerre contre l'Union soviétique.

En ce qui concerne la politique de l'Union soviétique, le congrès a déclaré qu'il « salue la politique de paix suivie par l'Union soviétique » et que « ce n'est que grâce à la ferme volonté de paix manifestée par le gouvernement soviétique que la guerre n'a pas encore éclatée jusqu'à présent[1] ».

Ainsi, la résolution du congrès et tous ses travaux montrent clairement quel fut le contenu politique de son activité. On peut le résumer ainsi :

1. Le socialisme s'édifie dans l'U.R.S.S.
2. La situation des masses travailleuses s'améliore.
3. Dans l'U.R.S.S., il existe une union complète entre le gouvernement, l'armée et les masses laborieuses.
4. Les masses laborieuses prennent une large part à la vie de l'Etat et à l'édification du socialisme.
5. L'U.R.S.S. est la patrie des travailleurs du monde entier.

1. La récente session, à Genève, de la Commission préparatoire de désarmement, le programme de désarmement complet proposé par la délégation soviétique et l'accueil négatif que ce programme a rencontré chez les impérialistes et les réformistes (attitude de Paul-Boncour, des social-démocrates allemands, etc...) prouvent combien ont été prophétiques les résolutions du congrès, quels efforts gigantesques doit faire la classe ouvrière pour combattre la guerre, que seule la voie bolcheviste, la voie qu'a montré la révolution d'Octobre pour lutter contre la guerre, peut épargner à l'humanité des calamités que l'impérialisme prépare chaque jour.

6. L'U.R.S.S. est le rempart de la paix, la forteresse du prolétariat international, contre laquelle sont dirigées les visées militaires et réactionnaires de la bourgeoisie et de ses agents. La tâche de tous les travailleurs et partisans honnêtes de la paix est de défendre l'U.R.S.S.

L'influence de la révolution d'Octobre s'est étendue bien au-delà des frontières de l'Union soviétique. Chaque prolétaire, chaque travailleur, chaque opprimé, chaque partisan sincère de la paix voit dans l'U.R.S.S. la réalisation pratique de ses aspirations. Les masses laborieuses de l'Union soviétique reçoivent, dans les travaux politiques du congrès, dans les résolutions qu'il a adoptées après un débat approfondi, un stimulant considérable pour leur travail futur.

La signification politique du Congrès

La signification politique du congrès consiste avant tout en ce qu'il témoigne clairement du caractère international de la révolution d'Octobre et de l'édification socialiste dans l'U.R.S.S. Des dizaines et des centaines d'ouvriers honnêtes: social-démocrates, anarchistes, socialistes, sans-parti, communistes, par des centaines de voix, ont rejeté la théorie de Kautsky, des menchéviks et des quelques communistes dévoués qui ont glissé sur la pente menchéviste, théorie selon laquelle la révolution d'Octobre a été une révolution de soldats déserteurs, une révolution bourgeoise, paysanne, etc., d'après quoi l'édification de l'U. R. S. S. est l'édification d'un nouveau régime bourgeois, qu'elle a un caractère d'exclusivisme national, etc. Les délégués, témoins de l'édification dans l'U.R.S.S., ont rejeté ces théories comme une calomnie infâme, malgré la discipline de leur parti, malgré leur idéologie. La portée internationale de la révolution d'Octobre, le caractère international du développement de l'économie soviétique, ont été confirmés par des centaines de prolétaires honnêtes venus de tous les pays du monde.

De plus, l'importance du congrès consiste également en ce qu'il a fait la comparaison entre la politique de Lénine et celle du réformisme, au moment du Xe anniversaire d'Octobre. Inutile de dire que c'est la politique de Lénine qui l'a emporté. Le congrès a confirmé la justesse des idées des communistes sur le caractère de l'époque que nous traversons, en tant qu'époque de la révolution prolétarienne. Au crépuscule, proclamé par les oppositionnels et par les social-démocrates, les bolcheviks opposent un point de vue raisonné et hardi sur la situation internationale et la situation dans l'Union soviétique. Le congrès a été une confirmation de ce point de vue. Dans cette épreuve, les bolcheviks sont apparus en liaison étroite avec les grandes masses des prolétaires, contre les réformistes et les oppositionnels, qui ont fait front avec ces derniers.

Le congrès a révélé la grande rupture internationale qui existe dans le camp du réformisme; le fossé entre les masses et les chefs. Les *chefs* vont en Amérique pour apprendre les moyens de décomposer, de *désorganiser* la classe ouvrière et de la *soumettre* à la bourgeoisie; les *masses*, évoluant à gauche, vont dans l'U.R.S.S. pour apprendre les moyens *d'organiser* leur classe et de *renverser* la bourgeoisie. Bauer demande l'établissement de la démocratie bourgeoise dans l'U.R.S.S.; les masses social-démocrates demandent l'établissement de la dictature du prolétariat dans le monde entier. Il n'y a pas de doute que le congrès, qui est le résultat de cette rupture, serve aussi aux masses d'arme pour leur affranchissement ultérieur. Il est impossible de ne pas remarquer que, dans cette lutte, l'opposition devient l'axe autour duquel gravite l'activité des agents les plus vils de la bourgeoisie contre la classe ouvrière et l'Union soviétique.

Le congrès a ensuite prouvé la justesse de la politique extérieure de l'Union soviétique, la justesse de la tactique de l'Internationale Communiste. Des dizaines et des centaines de membres des partis de la IIe Internationale, dans la question de la guerre, du caractère de l'édification de l'U.R.S.S., ont unanimement condamné, dans leurs résolutions, la politique de leurs chefs, qu'ils ont qualifiée de politique de trahison, de politique menée au profit de la contre-révolution bourgeoise.

A la tribune du congrès, les délégués communistes ont clairement et nettement fixé leur position dans toutes les questions débattues. Le discours du camarade Boukharine, accompagné de vifs applaudissements et des approbations de tous les délégués, a démasqué et dénoncé tous les social-démocrates, depuis Otto Bauer jusqu'à Hicks, Mac Donald, Thomas, etc. Le camarade Tomsky a clairement fixé l'attitude des communistes en face des dangers de guerre. Ainsi, les travaux du congrès ont été la condamnation internationale, nette et énergique, de la tactique des réformistes de droite et de gauche, condamnation issue en grande partie de leur propre milieu. Le congrès, de cette façon, devient le point de départ d'un large front unique révolutionnaire des masses, à la base. Les Hicks et les Purcell rompent avec les ouvriers de l'U.R.S.S., les ouvriers d'Occident organisent eux-mêmes leur front unique avec les travailleurs de l'Union soviétique.

Le congrès n'a accompli que la première partie du travail. L'autre partie, la partie principale de ce travail, les délégués la feront à leur retour dans leur pays. Si leur envoi dans l'U.R.S.S. a été accompagné d'une campagne frénétique de haine et de répression, leur retour et le travail de masse pour l'application des résolutions du congrès se heurteront à des obstacles dix fois plus grands. Mais il est certain qu'ils auront un auditoire qui les écoutera avec la plus grande attention: c'est celui des ouvriers, des paysans et de tous les opprimés.

Le congrès a décidé de ne pas organiser pour le moment de centre international spécial; mais, dans son discours de clôture, le président de la délégation anglaise, le mineur Willy Lawter, a proposé le programme d'action ultérieure suivant :

1. Toutes les délégations s'efforceront de soutenir et de renforcer le contact avec les organisations qui les ont invitées dans la République des Soviets.

2. Toutes les délégations feront tous leurs efforts pour faire appliquer dans leur pays les résolutions du congrès.

3. Les délégations groupant les représentants des grandes masses et incarnant le principe du front unique, devront continuer leur travail après leur retour dans leur pays.

4. Les délégations organisées devront chercher les moyens nécessaires pour appliquer, à l'aide de conférences régionales et nationales, les résolutions du congrès et faire profiter les masses ouvrières de l'expérience de l'U.R.S.S.

Pour finir, quelques mots sur le congrès et la presse.

La presse bourgeoisie et réformiste mondiale a mené contre le congrès une campagne furieuse de calomnies, tant qu'a duré la période de sa préparation. Mais, dès que le congrès s'est réuni, la tactique a été brusquement modifiée: On a fait le silence sur le congrès comme s'il ne s'était rien passé de particulier. Mais cela ne réussira à rien. La bourgeoisie et ses laquais se taisent parce qu'ils ont été battus; ils se taisent pour dissimuler leur défaite, pour ne pas afficher la victoire des masses. Mais les masses triomphantes ne se tairont pas. Les délégués viennent à peine de partir; ce n'est que maintenant que commence le travail pratique, et il n'y a pas à douter que la même machine bourgeoise et réformiste qui a voulu, au début, dresser une muraille infranchissable entre les délégués et l'U.R.S.S., fonctionnera de nouveau pour établir un mur entre les délégués de retour de l'U.R.S.S. et les masses ouvrières de l'Occident. Mais, de même, il est certain que ce mur s'écroula également, à la suite d'une victoire des masses ouvrières.

Séance préparatoire

(8 novembre 1927)

Le comité pour la préparation du Congrès mondial des Amis de l'U.R.S.S. s'est réuni le 8 novembre. Cette séance constitutive a désigné le bureau suivant : *Président,* Melnitchansky ; *vices-présidents,* Lawler (Angleterre), Canonne (France), Chen (Chine), Pichocki (Allemagne) ; *secrétaire,* Yaglom.

Le bureau de la presse se compose des camarades suivants : Hay, Vaillant-Couturier, Scott Nearing, Siepvert, Fitzpatrick et de Rivera.

Le Comité a décidé d'ouvrir le Congrès mondial des Amis de l'U.R.S.S. aujourd'hui, 10 novembre, dans la salle des Colonnes de la Maison des Syndicats. Les membres de toutes les délégations étrangères venues pour les fêtes d'Octobre y assisteront.

L'ordre du jour comporte les questions suivantes :

1. Les résultats de l'édification socialiste.

2. Les menaces de guerre impérialiste.

Sur la première question, le camarade Rykov, président du Conseil des Commissaires du Peuple, présentera un rapport. La deuxième question sera traitée par Jaeger (Grande-Bretagne), Henri Barbusse (France). Le camarade Tomsky, président du Conseil central des syndicats de l'U.R.S.S., a été invité en qualité de troisième rapporteur.

Il a été ensuite décidé de proposer au Congrès d'accepter en qualité de bureau le Comité lui-même, complété par des représentants du pays et des organisations qui n'ont pas encore terminé leurs élections.

Le Congrès s'ouvrira à 6 heures.

Séance d'Ouverture

(10 novembre 1927)

A 6 heures 30, montent à la tribune de la Salle des Colonnes, les membres du Comité de préparation du Congrès : Melnitchansky, Lawter (Angleterre), Canonne (France), Pichocki (Allemagne), Henri Barbusse, etc. Les membres du congrès leur font une ovation.

Le président du Comité de préparation du Congrès des Amis de l'U.R.S.S., Melnitchansky, prononce le discours d'ouverture du Congrès.

MELNITCHANSKY. — Camarades, frères, amis ! Il me revient le grand honneur de prendre le premier la parole ici et d'ouvrir le premier Congrès International des Amis de l'Union des Républiques Soviétiques Socialistes, venus pour participer aux fêtes du Xe anniversaire de la victoire de la révolution prolétarienne. Ce congrès est un des plus importants d'après sa signification politique. Il comprend des représentants de la classe ouvrière, des payans et d'une partie des intellectuels radicaux des pays dits vainqueurs, des pays vaincus, des pays asservis... Tout ce qui aspire sincèrement à la lumière et à la libération des classes et des peuples opprimés est représenté ici.

Nour leur adressons le salut chaleureux de la classe ouvrière et des paysans de l'U.R.S.S. ainsi que le salut de toutes nos organisations qui les avaient invités.

Ce congrès est un symbole. Il est la preuve

la plus éclatante que le monde s'est divisé en deux camps.

Tandis que les Etats capitalistes du monde entier s'efforcent, dans leur course aux nouveaux marchés et aux nouveaux profits, d'asservir tous les pays, les uns après les autres, alors que le monde entier sent la poudre et l'odeur des gaz asphyxiants — fruits de la civilisation capitaliste, — que le sang coule aux colonies, où des villes et des populations entières sont détruites pour avoir osé se soulever contre leurs oppresseurs, alors qu'un des plus grands mouvements de libération nationale révolutionnaire, celui de Chine, s'éteint dans une mer de sang, que les meilleurs fils de la Révolution chinoise sont égorgés comme des moutons par les troupes des puissances dites civilisées, alors que le monde capitaliste se prépare à entrer en guerre contre la République des Soviets, contre le seul pays du monde où les prolétaires et les paysans se sont débarrassés de leurs oppresseurs, alors que nous nous trouvons à la veille de nouveaux conflits, de guerres plus cruelles que la dernière guerre; en ce moment se réunissent ici, à Moscou, dans la capitale de la République des Soviets, les représentants de tous ceux qui haïssent la domination capitaliste et impérialiste, de tous ceux qui haïssent les guerres capitalistes, l'exploitation et l'asservissement des peuples, de tous ceux qui haïssent l'exploitation de l'homme par l'homme. Ils se sont réunis ici, non seulement pour exprimer leur sympathie et leur solidarité envers la classe ouvrière de l'U.R.S.S., mais aussi pour s'unir par des liens de fraternité, de lutte commune contre les oppresseurs, contre tous ceux qui préparent de nouvelles guerres.

Un tel congrès, ainsi composé, n'a pu être convoqué et réuni que grâce à l'existence de l'Union soviétique, formée à la suite de la lutte victorieuse de la classe ouvrière et des masses paysannes de l'U.R.S.S., lutte menée sous la direction du parti politique de la classe ouvrière, le parti communiste bolchévik de l'U.R.S.S.

Notre pays, notre parti communiste, qui a posé les grands problèmes de la lutte révolutionnaire de tous les exploités contre la domination capitaliste et contre la guerre est, pour cette raison, l'objet de la haine féroce du monde capitaliste.

Le fait qu'il peut exister un pays où la classe ouvrière et les masses paysannes, dirigées par le parti communiste, édifient le socialisme parallèlement au système capitaliste existant dans tous les autres pays, ce fait constitue, par lui-même, un exemple dangereux pour tous ceux qui sont asservis ou sont menacés d'asservissement par le capitalisme.

Voilà pourquoi, durant les dix premières années de l'existence de notre République, la bourgeoisie étrangère nous a porté de nombreux coups, a organisé contre nous des interventions militaires et nous a entourés d'un blocus économique. Jusqu'à présent encore, elle n'a pas renoncé à ses tentatives de nous écraser au moyen du blocus économique ou d'une nouvelle intervention militaire.

Au moment où des millions d'ouvriers et de paysans fêtent le grand anniversaire par des manifestations grandioses, dont vous avez été témoins, au moment où des millions d'ouvriers et de paysans affirment énergiquement leur volonté de soutenir le pouvoir des Soviets et notre parti communiste, au moment où les représentants de nos amis et frères de l'étranger se réunissent ici — en ce moment même est suspendue sur l'Union soviétique une grave menace de la part du monde capitaliste. La Société des Nations, que l'on représente ordinairement comme un instrument de paix, est, en réalité, l'arène où se forgent de nouvelles conjurations contre l'Union soviétique. L'œuvre de l'Union soviétique, c'est l'œuvre de la classe ouvrière de tous les pays, l'œuvre de tous ceux qui sont réellement contre les oppresseurs. Défendre la République des Soviets, c'est défendre la forteresse de tous les opprimés et de tous les exploités, car l'Union soviétique a la garde de toutes les conquêtes des travailleurs. Les millions d'ouvriers de l'U.R.S.S. sont de tout leur cœur avec la lutte que mènent les ouvriers du monde entier, avec la lutte des masses laborieuses de Chine, des Indes, de l'Egypte, du Nicaragua, du Maroc, contre leurs oppresseurs.

L'initiative de la convocation du Congrès des Amis de l'U.R.S.S. appartient au Comité national anglais pour l'organisation d'une délégation aux fêtes du Xe anniversaire de la révolution d'Octobre. Nos amis de ce pays ont pensé qu'à Moscou se rencontreront des représentants des diverses couches de la population du monde entier qui sympathisent avec l'Union soviétique et haïssent le système capitaliste fauteur de guerres. Ils ont pensé qu'un tel congrès doit laisser des traces de son existence et être plus qu'une simple solennité. C'est pour ces raisons que nos amis anglais ont proposé de convoquer un Congrès des Amis de l'U.R.S.S. A cette proposition se sont ralliés nos camarades d'Allemagne, de France et Belgique. Nos camarades anglais se sont ensuite adressés au Conseil central des syndicats de l'U.R.S.S. en lui demandant de se charger de l'organisation du congrès et des pourparlers avec toutes les délégations. Le Conseil central des syndicats de l'U.S. accepta cette proposition avec joie et réalisa tout le travail préparatoire, après avoir formé un Comité provisoire avec d'autres organisations soviétiques. A l'arrivée des délégations dans l'U.R.S.S., ce comité fut réorganisé et complété avec des représentants des délégations de tous les pays qui ont voulu participer au congrès. Voici les pays et les délégations représentés à notre congrès... *Suit la liste des délégués et des pays représentés. Voir cette liste au début de l'ouvrage.*

Soit, en tout, 927 délégués.

Plusieurs délégués ont éprouvé les plus grandes difficultés pour arriver dans l'U.R.S.S. A ceux-là, nous adressons nos salutations particulièrement chaleureuses.

Ceux qui sont réunis ici représentent la fleur de tout ce qu'il y a réellement de progressif, de révolutionnaire, de combattant réellement pour la libération des exploités et des opprimés du monde entier, la fleur de la civilisation réelle de l'avenir.

En ouvrant le Congrès des Amis de l'U.R.S.S., nous vous saluons chaleureusement et nous saluons en votre personne toute la classe ouvrière et les couches révolutionnaires de la population du monde entier.

Nous adressons notre salut chaleureux à tous les travailleurs des pays opprimés des Indes, de l'Irlande, de l'Egypte, du Maroc, de la Syrie, ainsi qu'aux représentants des nations opprimées des Balkans et de l'Europe Centrale balkanisée, du

Nicaragua, de l'Indonésie, de la Chine, de la Lettonie, de la Pologne et de l'Esthonie. A toutes ces nations, nous adressons spécialement notre salut chaleureux. Par décision du comité d'organisation du Congrès des Amis de l'U.R.S.S., j'ai été chargé du grand honneur d'ouvrir ce congrès.

Permettez-moi de déclarer ouvert le Congrès des Amis de l'U.R.S.S.

(*L'arrivée de Clara Zetkin et de Kroupskaïa est saluée par une tempête d'applaudissements de la part de tous les délégués. L'orchestre joue l'*Internationale.)

Melnitchansky. — La Commission d'organisation du congrès a décidé de donner la parole, immédiatement après l'ouverture du Congrès, au représentant de la délégation anglaise qui a pris l'initiative de la convocation de ce congrès. La parole est au camarade Lawter, représentant de la délégation anglaise. (*Applaudissements.*)

Lawter (Angleterre). — Camarades, la délégation anglaise considère que se rendre dans l'U.R.S.S., simplement en qualité de visiteurs, à l'occasion du Xe anniversaire, pour constater ce qui a été fait par nos camarades russes, serait une perte de temps, bien que ce soit quelque chose déjà d'acquis si nous exposons ces faits devant le congrès ici assemblé. C'est pourquoi notre délégation a pris l'initiative de convoquer tous les ouvriers représentant ici toutes les branches de l'industrie, toutes les tendances politiques et coopératives du mouvement travailliste. La délégation britannique exprime le désir que cette assemblée discute les deux sujets qui doivent être posés devant elle. Nous autres, délégués anglais, avons été informés par nos adversaires, tant à l'intérieur qu'à l'extérieur du mouvement travailliste, de ce que nous verrions et entendrions ici en Russie, concernant ce qui a été réalisé depuis la révolution d'Octobre. Mais, même si nous n'avions vu que ce qu'il nous a été donné de voir à la manifestation de lundi dernier, nous serions déjà convaincus que toutes les affirmations, selon lesquelles les masses ne sont pas derrière ceux qui sont à la tête de cette grande République, ne correspondent pas à la vérité. C'est ce qui a engagé la délégation à envisager les choses d'un nouveau point de vue. Nous comprenons à quel point les ouvriers avaient raison en montrant le ministre des Affaires étrangères de la Grande-Bretagne la main dans la main avec le leader du mouvement ouvrier d'Angleterre, Mac Donald, comme représentant les deux phases d'une seule et même politique de rupture des relations politiques et économiques avec l'U.R.S.S. Nous nous rendons compte également que le Xe anniversaire n'est pas un but en lui-même, mais que c'est un moyen de mener au but. Nous estimons, nous tous qui sommes assemblés ici ce soir, que notre devoir doit être rempli ; et c'est pour cela que je désire attirer votre attention sur la résolution présentée au nom de la délégation anglaise.

En 1914, des personnages du genre de Baldwin et de Chamberlain nous assuraient qu'il n'y avait aucune probabilité ni aucune possibilité de voir la nation britannique entraînée dans une guerre mondiale. Aujourd'hui, on nous prodigue les mêmes assurances. On nous affirme qu'il n'est pas possible que la Grande-Bretagne soit entraînée dans une guerre contre la Russie ; mais nous sommes plus que jamais convaincus, d'après l'attitude prise par nos camarades russes dans cette affaire, qu'il y a non seulement possibilité, mais encore probabilité de guerre. C'est pourquoi nous vous demandons d'envisager tout ce qui doit être fait et quelles sont les propositions qui doivent être adoptées par les délégations ici assemblées, pour que les résolutions prises ne le soient pas seulement sur le papier, mais que l'on agisse vraiment pour rendre la guerre impossible. Bien plus, nous ne devons pas nous borner à rendre impossible la guerre contre l'Union soviétique, mais également faire connaître, à notre retour dans nos pays, ce que les camarades russes ont réalisé en vue de hâter la révolution mondiale. (*Applaudissements.*)

Au nom des camarades de la Grande-Bretagne et d'Irlande, je salue cette assemblée, dans l'espoir que nous ne nous bornerons pas à proclamer le mot d'ordre : « Vive la République ouvrière de Russie ! », mais que, de retour dans nos pays, nos délégations seront capables d'accomplir une œuvre semblable dans leurs pays respectifs.

Le Bureau

Le congrès élit les camarades suivants au bureau : Bond, Lawter, Jaeger (Angleterre), Canonne, Beaugrand (France), Devillers, Huyndes (Belgique), Pichocki, Siewert, Holitscher (Allemagne), Srp, Prutka (Tchéco-Slovaquie), Watkins, Guireang, Scott-Niering (Etats-Unis), Hermann Karl (Autriche), Syang (Chine), Fan Nolli, Vlakho (pays opprimés des Balkans), Fitzpatrick (Irlande), Iensen (Danemark), Enggern (Suède), Mork (Norvège), Wollgren (Hollande), Luostrinen (Finlande), Galiléo (Italie), Raudsetp (Esthonie), Laitzen (Lettonie), Genki-Hara (Suisse), Monzon (Mexique), Kazantzakis (Grèce), Akita (Japon), Navan-Namgil (Mongolie), Batchinski (Pologne), Maruenda, Ugarte (Argentine), Duna, Natsehjara (Espagne), Leima (Brésil), Zanker (Cuba), Rozas (Chili), Paradez (Equateur), Castricho (Uruguay), Richards (Sierra-Leone), Gonsalvez (Portugal), Dordjev (Thibet), Della Plazza (Colombie), Fortul (Vénézuela). Pour la délégation féminine, pour la délégation paysanne, Kamann ; pour la ligue anti-impérialiste, Liau Han-Sin ; pour la délégation de la jeunesse, Richta Likowa ; pour le groupe des intellectuels : Sun Tsin-Lin, Diego de Rivera, Henri Barbusse ; pour le Secours Ouvrier International : Zetkin, Stasova ; pour les coopératives : Tycker ; pour l'U.R.S.S. : Melnitchansky, Losovsky, Lounatchartsky, Molotov, Kroupskaïa.

Sont élus au bureau de la presse : Hey, Yaglom, Vaillant-Couturier, Scott-Nearing, Siewert, Fitzpatrick, de Rivera.

Après que toutes les questions d'organisation eurent été réglées, le camarade Mikhaïlov, président du Conseil syndical de Moscou, vient saluer le congrès au nom des ouvriers moscovites :

« Les ouvriers moscovites, dit-il, sont heureux de saluer les amis de l'U.R.S.S., ici. Par la volonté des ouvriers, le Moscou des tsars, des nobles, des marchands et des fabricants est devenu le centre du mouvement ouvrier international. Les syndicats de Moscou, en dix ans, ont remporté de grands succès. En 1917 déjà, ils groupaient 170.000 ouvriers ; à l'heure actuelle, ils comptent 1.390.000 ouvriers. Les salaires sont de 37 % supérieurs à ceux d'avant-guerre. En ce qui concerne l'économie, l'industrie moscovite a atteint le niveau d'avant-guerre et, dans certains endroits, l'a dépassé. De grands succès ont été également obtenus dans le domaine de l'Instruction publique.

« Nos succès sont aussi ceux du prolétariat mondial.

« A la provocation des conservateurs anglais, à l'aggravation de la situation internationale, les prolétaires de Moscou ont répondu qu'ils sont prêts à combattre pour défendre l'Union soviétique et ils ont recueilli 1 million de roubles pour le fonds « Notre réponse à Chamberlain ». Mais la meilleure réponse à Chamberlain sera donnée par les ouvriers révolutionnaires du monde entier lorsqu'ils infligeront une leçon à tous ceux qui veulent attaquer l'U.R.S.S. »

Discours de Rykov

A 7 heures 45, Rykov apparaît à la tribune. Les délégations se lèvent et font au président du Conseil des Commissaires du Peuple une vive ovation. Lorsque Melnitchansky, qui préside, annonce : « Le camarade Rykov, Président du Conseil des Commissaires du Peuple de l'U.R.S.S. a la parole », l'ovation redoubla d'intensité. Pendant plusieurs minutes, l'ovation est telle que Rykov ne peut commencer son discours.

Au nom du gouvernement, Rykov salue, en la personne des délégués venus célébrer le Xe anniversaire de la révolution d'Octobre, tous les amis de l'Union soviétique. S'il fait un compte rendu devant le présent congrès, dit-il, ce n'est pas par simple amabilité envers nos hôtes, mais parce que la cause de l'édification de l'Union soviétique est la cause internationale des travailleurs du monde entier. Il est douteux qu'on puisse trouver dans l'histoire de l'humanité un autre exemple de gouvernement d'un grand pays, qui considérerait comme son devoir de rendre des comptes devant les représentants étrangers et où ces représentants se sentiraient le *droit moral* d'exiger un compte rendu du représentant du gouvernement. Le gouvernement de l'Union juge nécessaire d'expliquer sa politique non seulement devant les ouvriers et les paysans qui l'ont élu, mais aussi devant tous ceux qui se sont donné pour but de lutter pour la paix, pour le socialisme, pour l'abolition de l'exploitation de l'homme par l'homme, d'un pays par un autre. L'Union soviétique lutte pour la réalisation de ces buts. Toutes les organisations politiques et sociales, tous les hommes d'action politique et sociale dans le monde entier qui défendent cette plate-forme sont moralement liés avec l'Union soviétique.

S'arrêtant en détail sur le développement de l'économie nationale, Rykov signale que, pour juger les résultats obtenus par l'Union soviétique au cours de ces dix dernières années, il faut tenir compte de ce qui suit : premièrement, que la Russie tsariste d'avant-guerre était l'un des pays les plus arriérés de l'Europe ; deuxièmement, qu'en 1921, lorsqu'a commencé le travail créateur de la classe ouvrière, la vie économique était ruinée et désorganisée à l'extrême par la guerre impérialiste et la guerre civile. Les résultats obtenus en six années de travail économique se caractérisent par le fait qu'en 1921, la production de l'industrie qui était tombée à 20 % de la production d'avant-guerre, ainsi que la production agricole, qui était tombée à 57 %, ont atteint cette année le niveau d'avant-guerre.

Les prémisses principales de l'édification socialiste de l'Union soviétique sont la nationalisation des moyens de production, des transports, du crédit, le monopole du commerce extérieur et la nationalisation de la terre. Ces prémisses ont assuré la possibilité de diriger selon un plan tout le développement économique du pays dans l'intérêt des masses laborieuses. L'expérience des dix années d'édification a montré que, sur la base de ces principes, il est possible de réaliser un développement plus rapide de l'économie que dans les pays capitalistes.

La base fondamentale de toute la politique économique de l'Union soviétique est l'industrialisation du pays. Le programme d'industrialisation ne doit nullement être interprété dans ce sens que la classe ouvrière utilise sa dictature pour l'appliquer, contre les intérêts des paysans. Le programme d'industrialisation correspond, en effet, aux intérêts fondamentaux de l'agriculture elle-même. Les paysans ne peuvent rétablir leur économie sans l'aide de l'industrie. La contradiction dont nous avons hérité de la période d'avant la Révolution est la disproportion existant entre le développement de l'agriculture et celui de l'industrie. Cette disproportion se manifeste dans la pénurie de produits industriels, dans l'écart des prix des produits industriels et agricoles, dans l'état arriéré de nos campagnes. L'édification socialiste fera disparaître cette disproportion.

Dans le domaine de la transformation socialiste des campagnes, la voie adoptée par le Parti et le pouvoir soviétique consiste à organiser les petits producteurs dans les coopératives. A l'heure actuelle, nous n'avons encore obtenu que les premiers résultats dans cette direction. Il ne fait aucun doute que nous viendrons à bout de cette tâche, qui exige de nombreuses années.

Le bilan général des résultats obtenus est le suivant : premièrement, au cours des six dernières années, le bien-être matériel et le niveau culturel des masses se sont considérablement élevés, tant au point de vue absolu qu'au point de vue relatif, en comparaison avec la situation d'avant-guerre; deuxièmement, après six années de travail, le secteur socialiste de notre économie est devenu assez fort pour être le principe décisif de notre édification économique.

En ce moment, la décision de la dernière session du Comité central exécutif de l'Union soviétique concernant la journée de 7 heures accapare l'attention générale. La partie de la presse des pays capitalistes qui est hostile à notre Etat prolétarien, tente de prouver que cette décision a été prise exclusivement dans un but démagogique et qu'il est douteux qu'elle soit applicable. Rykov démontre que la journée de 7 heures, qui découle de toute la politique de l'Etat ouvrier et de son développement économique, sera pratiquement réalisée dans un avenir prochain.

Au cours des deux dernières années, l'économie de l'Union soviétique s'est engagée dans une phase de reconstruction, de rationalisation. Dans les conditions de la société bourgeoise, ce processus est lié à une exploitation plus intense des ouvriers. Dans les conditions du pouvoir ouvrier, la rationalisation, au contraire, est inévitablement liée à une amélioration du sort de la classe ouvrière. La journée de 7 heures, qui ne sera nullement accompagnée d'une diminution des salaires, en est une preuve frappante.

En raison des discussions qui ont eu lieu à

l'étranger sur la nature de l'Etat soviétique, Rykov cite des chiffres qui montrent quelle est la classe qui dirige l'Etat soviétique. L'organe législatif suprême de l'Etat soviétique : le Comité central exécutif de l'Union compte 43,6 % d'ouvriers, 21,3 % de paysans, 32 % d'employés. Dans les soviets urbains des 5 principales Républiques fédérées et autonomes, il y a 46,6 % d'ouvriers, 4,9 % de paysans et 31 % d'employés. Dans les soviets de villages, il y a 3,3 % d'ouvriers, 87,4 % de paysans et 5,8 % d'employés. Parmi les directeurs des fabriques et usines qui sont du ressort du Conseil Supérieur de l'Economie Nationale de l'U.R.S.S., il y a 74,8 % d'ouvriers. Parmi les chefs des organes supérieurs de l'industrie : syndicats, trusts, etc., la proportion d'ouvriers dépasse 50 %. Les chiffres sont analogues en ce qui concerne les fonctionnaires des organes judiciaires. D'après les informations du Soviet de Moscou, le nombre d'ouvriers et d'ouvrières qui participent au travail des services de l'hygiène de la ville de Moscou a atteint cette année 36.000. Ces chiffres sont caractéristiques, non seulement pour Moscou, mais pour toute l'Union. Les chiffres cités ne tiennent pas compte des nombreuses organisations publiques où la participation des ouvriers et des paysans est encore plus considérable.

Le camarade Rykov souligne ensuite que le gouvernement soviétique travaille sous la direction du parti communiste. Celui-ci compte à l'heure actuelle 1.200.000 membres et son noyau ouvrier en constitue les 57 %. Le parti communiste, non seulement par son programme, mais par la composition de ses effectifs, garantit le caractère prolétarien de toute la politique de l'Etat soviétique.

Dans la presse étrangère, on oppose souvent la dictature de la classe ouvrière à la démocratie. Mais si, par démocratie, on entend la garantie, aux couches laborieuses de la population, de toutes les possibilités de prendre part à la vie politique, économique et culturelle du pays, il est incontestable qu'il n'existe pas dans le monde entier de pays plus démocratique que l'Union soviétique. D'après un calcul approximatif, sur 100 travailleurs, il y en a au moins 30 qui, d'une façon ou d'une autre, prennent part au fonctionnement des organes du pouvoir de l'Etat. La proportion d'ouvriers de l'établi et des paysans travailleurs à des postes dirigeants de l'Etat, de l'économie, des syndicats, du Parti, assure la sélection des éléments les plus actifs parmi les travailleurs pour l'action sociale. La révolution d'Octobre elle-même, qui a été une lutte de classes opprimées contre la classe des capitalistes et des propriétaires fonciers, est la plus haute expression de la démocratie.

A la question de la démocratie se rattache la question de l'attitude envers les partis affiliés à la IIe Internationale. La révolution d'Octobre a été une insurrection de la classe ouvrière, qui a renversé un gouvernement constitué en grande partie de socialistes-révolutionnaires et de menchéviks. Une grande partie de la guerre civile a également été faite contre les partis des menchéviks et des s.-r. qui s'étaient alliés à la contre-révolution bourgeoise pour combattre les soviets et les conquêtes d'Octobre du prolétariat et de la paysannerie. Ces partis se sont alors placés de l'autre côté de la barricade. La guerre civile terminée, la République des Soviets continue à vivre dans un entourage capitaliste et c'est le seul

Etat ouvrier du monde qui travaille à l'édification de la société socialiste. Mais cela ne veut pas dire que la lutte de classes a cessé. Elle se poursuit au sein même de l'Union soviétique et en dehors ; il y a encore des éléments qui aspirent à la restauration de l'ordre bourgeois sur le territoire de l'Union soviétique. Tant que durera un tel état de choses, nous serons obligés de recourir à des mesures de répression pour défendre l'Union contre ses ennemis de toute nuance. La terreur, en tant que principe de gouvernement, n'entre nullement dans le programme de l'U.R.S.S.. Mais il est obligé de recourir aux mesures de répression et il y recourra dans tous les cas où se révèlera une menace pour les buts de la révolution d'Octobre : l'édification socialiste.

A la fin de son rapport, le camarade Rykov s'arrête sur les questions de politique extérieure de l'U.R.S.S. Dans le domaine de la politique nationale, le principe du pouvoir soviétique est que le système de l'Union et de la collaboration des peuples qui la forment est basé sur l'unité du système économique, sur l'aide et le concours effectif de toute l'Union aux peuples arriérés et la liberté de développement de la culture nationale. Sous le tsarisme, la politique adoptée à l'égard des minorités nationales était analogue à la politique pratiquée à l'égard des colonies par les pays capitalistes de l'Europe occidentale. C'est ce qui explique l'état arriéré, tant au point de vue économique qu'au point de vue culturel, d'un grand nombre de minorités nationales de l'Union. La République uzbèque, qui compte environ 4 millions d'habitants, est un exemple typique du développement de la culture nationale sous le régime soviétique. En 1923, il y avait en tout 53 établissements d'enseignement pour les femmes ; il y en a 276 en 1927. Le nombre de femmes qui étudient y est passé de 1.394 à 13.200 pendant la même période. Le camarade Rykov dit que, s'il a pris un exemple du mouvement féminin, c'est précisément parce que la femme d'Orient est la plus opprimée.

La question nationale, telle qu'on la comprend dans les pays d'Europe, c'est-à-dire l'asservissement d'une nation par l'autre, n'existe pas dans l'Union soviétique.

Le camarade Rykov définit la politique extérieure de l'Union soviétique comme une politique de paix et d'édification socialiste pacifique. L'Union soviétique a proposé et propose encore à l'heure actuelle, aux pays étrangers, de signer des pactes de non agression. Le gouvernement soviétique a récemment renouvelé cette proposition aux gouvernements de la Pologne et de la France. Dans l'Europe occidentale, on répand la légende de l'impérialisme rouge. Le camarade Rykov exprime la conviction qu'il parle devant un congrès auquel il est superflu de démontrer que cette affirmation est entièrement fausse. On l'a fait circuler exclusivement pour préparer l'opinion publique à une intervention très possible et très probable contre le pays des soviets.

Les membres du congrès ont déjà eu la possibilité de se rendre compte par qui est constituée l'Armée rouge et comment elle est organisée. L'Armée rouge est l'armée du peuple, l'armée des ouvriers et des paysans qui aspirent au travail pacifique d'édification de la société socialiste. L'Union soviétique est contre toutes les guerres. La révolution d'Octobre a sorti le pays épuisé de la guerre impérialiste ; l'U.R.S.S. a, la première, lancé le mot d'ordre de la vraie paix démocratique. Il faudrait être atteint d'une incurable folie pour croire que l'Union soviétique, le seul Etat ouvrier du monde, entouré de tous côtés par des Etats bourgeois, puisse avoir l'intention de mener une guerre offensive. Les calomnies au sujet de l'impérialisme rouge sont une preuve de plus qu'il y a des gens qui s'emparent de tout ce qui pourrait être de nature à discréditer l'Union soviétique devant l'opinion publique d'Europe et d'Amérique dans le but de justifier l'agression qu'on prépare contre elle.

Le gouvernement soviétique a exprimé le désir de prendre part à la conférence du désarmement. Le camarade Rykov déclare que le gouvernement soviétique est prêt à proposer, à soutenir et à réaliser le programme de désarmement le plus radical et le plus conséquent dans le monde entier. Mais, l'Union soviétique combattra en même temps les propositions qui ne sont qu'une duperie à l'égard de la classe ouvrière et de l'humanité ; elle combattra la phraséologie pacifiste qui ne sert qu'à dissimuler la préparation d'une nouvelle guerre.

Pour conclure, le camarade Rykov déclare que ce serait une grave erreur de la part des délégués au congrès s'ils tiraient de son compte rendu la conclusion que l'Union soviétique a déjà tout fait pour l'organisation de la société socialiste. Le bilan des dix dernières années consiste en ce qu'une révolution a été accomplie dans tous les domaines de la vie populaire et qu'un système a été créé qui assure l'édification de la société socialiste. L'édification socialiste vient seulement de commencer et il faudra encore de longues années de travail obstiné pour mener à bonne fin l'organisation du socialisme. Le bilan des dix dernières années de lutte, au milieu de difficultés incroyables, montre que, dans les conditions de la paix, tous les éléments indispensables à l'édification du socialisme existent au sein de l'Union soviétique. Il ne faut pas oublier que, pendant ces dix dernières années, le travail accompli l'a été sans aucune aide de l'extérieur.

La manifestation à laquelle ont assisté les délégués du congrès doit les convaincre que les peuples qui habitent l'Union soviétique défendront jusqu'à la dernière goutte de sang l'œuvre de la révolution d'Octobre et le premier Etat des travailleurs du monde.

Le camarade Rykov termine son discours en exprimant la conviction que, dans son travail pacifique, dans l'édification du socialisme, dans la lutte contre la guerre, l'Union soviétique recevra l'appui de tous les ouvriers et paysans révolutionnaires d'Europe et d'Amérique, de tous les délégués au congrès, de tous les groupes de la population avec lesquels les délégués sont en contact. (*Les délégués font une vigoureuse ovation au camarade Rykov.*)

Deuxième séance

(11 novembre 1927)

Président : Canonne (France).

CANONNE. — Camarades, la séance est ouverte. La parole est au camarade Yaglom pour une communication.

YAGLOM. — Camarades, le Présidium s'est réuni aujourd'hui et a décidé de prier le congrès de ratifier la composition du Comité pour l'élaboration des résolutions à proposer au congrès. Le Présidium propose d'adopter le Comité suivant : pour l'Angleterre, Lawther et Vernds; pour la France, Sémard et Mennier ; pour la Belgique, Devillers ; pour l'Allemagne, Sirvert; pour l'Amérique, Watkins ; pour la Chine, Io ; pour l'U.R.S.S., Losovsky ; pour la Lettonie, Zeitsen ; pour la ligue anti-impérialiste, Münzenberg ; pour les pays de l'Amérique du Sud, Della Plaza.

CANONNE. — Vous êtes d'accord de voir ces camarades siéger à la commission des résolutions ?

BARTOSEK. — Je demande au congrès d'élargir cette commission en y adjoignant un délégué de la Tchécoslovaquie.

CANONNE. — Nous vous proposons d'élargir cette commission des résolutions parl'adjonction d'un camarade de la Tchécoslovaquie. Vous n'y voyez pas d'inconvénient

BARTOSEK. — Le camarade Bihall.

Canonne. — Vous n'y voyez pas d'inconvénient ? Vous êtes tous du même avis ?... (*Adopté.*)

Yaglom. — Camarades, on prie ce comité de se réunir aujourd'hui à 4 heures 1/2 ici, dans la salle des séances. Ceci est la première information. Ensuite, on prie instamment tous les présidents des délégations de communiquer dès à présent au camarade Canonne la liste des orateurs désignés par les délégations pour prendre la parole sur les questions à l'ordre du jour.

Discussion sur le rapport de Rykov

Clara Zetkin (Allemagne). — Permettez-moi, camarades, de vous transmettre au nom de l'Internationale Communiste, au nom de tous les partis de l'Internationale Communiste et, en particulier, au nom du parti communiste allemand, que je représente, les salutations les plus chaleureuses.

A ce congrès s'exprime le désir des centaines de milliers de travailleurs d'obtenir, par leur propre expérience, une réponse à la question fondamentale que l'immortel Lénine avait formulée avec une simplicité générale : le socialisme vaincra-t-il le capitalisme ou est-ce le contraire qui se produira ?

Je pense que tout ce que nous avons vu dans le grand pays des Soviets, que le travail créateur énorme que nous avons pu constater ici fournit une réponse nette à cette question.

Le fait même que le camarade Rykov, représentant du gouvernement de l'U.R.S.S. a fait ici un compte rendu devant nous constitue un phénomène extrêmement significatif.

Cela constitue une preuve que les dirigeants

de l'U.R.S.S. ont conscience de la responsabilité énorme qu'ils assument devant le prolétariat international.

Pourrait-on montrer un autre pays où les représentants du gouvernement rendent ainsi compte de leur activité devant un congrès comme le nôtre ? On peut déclarer franchement que dans les pays dits démocratiques, les représentants du gouvernement n'auraient manifesté leur attitude vis-à-vis d'un tel congrès qu'en examinant, de concert avec les autorités policières, les mesures à prendre pour le rendre inoffensif, en supposant même qu'un tel congrès eût pu se réunir.

J'ai la conviction que vous, amis de l'U.R.S.S., à quelque parti que vous apparteniez, vous rendrez l'hommage qui est dû aux grands résultats obtenus par le pouvoir soviétique, que vous les apprécierez en tenant compte que ces résultats n'ont pu être obtenus que grâce à la dictature prolétarienne qui a permis d'accomplir, dans un aussi bref délai, l'œuvre de plusieurs siècles — la création d'une nouvelle culture.

Mais, reconnaître cela, c'est assumer des obligations envers l'U.R.S.S. L'Union soviétique, qui édifie le socialisme, est menacée par l'impérialisme mondial qui s'arme jusqu'aux dents et qui cherche à détruire le premier Etat des travailleurs. L'U.R.S.S. est le seul pays du monde voulant réellement la paix ; il concentre toutes ses forces pour l'édification pacifique du socialisme. Mais, camarades, vous vous rappelez les paroles de Schiller : « Même le meileur ne peut vivre en paix si cela ne plaît pas à son méchant voisin ». Quiconque forme tous ses vœux pour l'avenir de l'humanité libérée, doit faire absolument tous ses efforts afin d'assurer la paix à l'Union soviétique, qui édifie le socialisme.

A cet égard, les comptes rendus véridiques que vous ferez à votre retour dans vos pays sont appelés à jouer un rôle considérable. Vous pourrez dissiper le monceau de mensonges et de calomnies que les partis bourgeois et réformistes propagent, afin d'assurer la domination de la bourgeoisie et du système de l'exploitation capitaliste. Il faut mobiliser toutes les forces contre les tentatives d'encerclement de l'Union soviétique, contre la préparation de la guerre par l'impérialisme mondial. Il faut mobiliser les masses pour arracher l'épée de la main de ceux qui veulent la lever contre l'U.R.S.S. Bien plus, il faut, dans chaque pays capitaliste, renverser le pouvoir de la bourgeoisie. Si les gouvernements capitalistes déclenchent la guerre contre l'U.R.S.S., les masses laborieuses devront y répondre en renversant la domination de classe de la bourgeoisie. (*Applaudissements prolongés.*)

Je le déclare, non pas parce que l'U.R.S.S. n'est pas assez forte pour résister à ses ennemis. Quiconque a vu la manifestation brillante du prolétariat armé sur la Place Rouge, quiconque a constaté sa décision de défendre jusqu'au bout l'édification du socialisme, sait que l'U.R.S.S. est assez forte pour résister à tous ses ennemis. Mais l'U.R.S.S. ne pourra poursuivre en toute sécurité son travail d'édification socialiste que lorsqu'elle ne sera plus entourée par les Etats capitalistes, mais par des Etats où flottera le drapeau de la dictature prolétarienne. (*Tempête d'applaudissements.*)

Tous, vous êtes intéressés à assurer la victoire d'une culture supérieure, pour lui frayer un chemin libre. Je souhaite aux Amis de l'U.R.S.S. de travailler avec succès dans ce sens. A bas tous les ennemis de l'U.R.S.S. ! En avant, les rangs serrés ! En avant, pour vaincre le capitalisme ! Je vous salue par le mot d'ordre de combat de l'Internationale Communiste : « Tout par la révolution et pour la révolution ! ». (*Applaudissements prolongés. Tous les délégués se lèvent et chantent* l'Internationale.)

CHAN-TSUN-FA (Chine). — Au nom de 33 millions d'ouvriers et de paysans chinois organisés, j'adresse mon salut révolutionnaire aux délégués de tous les pays. Hier, nous avons entendu, avec la plus vive satisfaction, le rapport du camarade Rykov. Nous nous rendons clairement compte que la révolution d'Octobre et que les progrès réalisés par l'Union soviétique ont brisé les chaînes de l'oppression impérialiste. Le rapport sur les dix années de travail d'édification socialiste dans l'U.R.S.S. montre toute la différence qui existe entre la dictature bourgeoise et la dictature prolétarienne. Ce rapport nous montre clairement que le relèvement industriel, l'amélioration de la situation des paysans et que les autres formes d'édification se distinguent radicalement dans l'U.R.S.S. du travail de relèvement effectué dans les Etats bourgeois.

Ces faits nous permettent de nous rendre compte exactement de ce que représente l'Union soviétique. (*Applaudissements.*)

Ce sont précisément ces faits qui provoquent la haine des impérialistes contre l'Union des Soviets. Les impérialistes voient d'un mauvais œil les succès réalisés par l'Union soviétique. Ils usent de toutes les méthodes et de tous les moyens possibles pour détruire les conquêtes de la Révolution. Ils savent aussi que la Révolution chinoise est quelque chose qui ressemble à la révolution d'Octobre. (*Applaudissements.*) Nous remarquons que lorsque les impérialistes anglais constatent les progrès de la Révolution chinoise, ils cherchent naturellement tous les moyens de la détruire. Ainsi, l'impérialisme britannique utilise l'un de ses instruments, le général chinois Sun Chuang Fang pour s'emparer de la ville de Nankin et, en même temps, il donne l'ordre à ses navires de guerre de remonter le Yangtsé pour aider à cette vile besogne de destruction de la Révolution chinoise.

Nous savons que l'impérialisme britannique opprime non seulement les ouvriers et les paysans chinois, mais qu'il fait de même à l'égard des ouvriers de son propre pays. De plus, les impérialistes de tous les pays s'imaginent pouvoir détruire le mouvement révolutionnaire.

Camarades et délégués de tous les pays, il nous faut chercher maintenant les voies et les moyens de combattre ce danger. Les ouvriers et les paysans chinois se rendent nettement compte que le succès dans la lutte contre ce danger dépend des efforts du prolétariat mondial (*Applaudissements*). Nous devons faire tout notre possible pour briser le front impérialiste et défendre l'Union soviétique, patrie de la Révolution mondiale (*Applaudissements*). Nous, les prolétaires du monde entier, devons nous unir pour défendre l'Union soviétique (*Applaudissements*). Nous avons pleine confiance que tous les délégués ici présents se préparent pour une lutte de classe formidable. Nous devons emporter avec nous l'heureuse nouvelle du succès de l'œuvre constructive de ces dix années de pouvoir des Soviets, la proclamer chez nous et dire ce qu'il y a à faire. Il nous faut détruire la dictature bourgeoise et instaurer la dictature du prolétariat. C'est là la seule voie de progrès de l'humanité (*Applaudissements*). C'est ce que nous pouvons appeler un vrai travail de fraternité.

Camarades, tandis que vous êtes réunis ici, célébrant la révolution d'Octobre, n'oubliez pas la Révolution chinoise (*Applaudissements*). La cause de la révolution d'Octobre est la cause de la Révolution chinoise (*Applaudissements*). La victoire de la révolution d'Octobre signifie la victoire de la Révolution mondiale (*Applaudissements*). La classe ouvrière chinoise a déjà fait les préparatifs nécessaires pour assurer la victoire finale de la lutte contre l'impérialisme mondial. En même temps, elle se prépare à faire tous ses efforts pour défendre l'Union soviétique (*Applaudissements*).

Vive le développement de l'Union soviétique !

Vive la victoire de la Révolution mondiale !

Vive le front unique des prolétaires de tous les pays !

Schepmann (Allemagne). — J'estime que mon devoir est de saluer ce congrès au nom de la classe ouvrière allemande, représentée par les membres de la délégation allemande.

Si nous voulons parler ici des bases d'édification de l'économie russe, il est avant tout nécessaire que nous ne regardions pas les choses de Russie à travers les lunettes occidentales. Nos frères de travail de Russie ne demandent pas que nous surestimions les résultats obtenus dans le domaine de l'édification économique du relèvement culturel du pays. Ils demandent que nous disions ce qui est.

Nos camarades russes ont compris que le premier pas à faire en vue de l'édification socialiste est de coordonner les forces productrices du pays. Les paysans et les ouvriers doivent être des alliés. Si on veut résoudre les questions économiques en Russie, il faut les coordonner. La classe ouvrière et les dirigeants de l'économie russe y ont pleinement réussi. Nous, délégués allemands, nous avons constaté, depuis que nous sommes en Russie, une différence formidable entre la situation économique au temps du tsarisme et la situation actuelle. Il nous a suffi de visiter les usines et d'aller dans les régions agricoles pour constater le grand contraste existant entre les vieilles institutions russes et les institutions actuelles. Qu'il soit très difficile à nos frères de travail d'améliorer les choses, c'est compréhensible. Il va de soi que le travail que les ouvriers ont réalisé dans ce pays est d'une grande importance pour la classe ouvrière du monde entier. C'est pourquoi nous invitons la classe ouvrière du monde entier à suivre cet exemple et à collaborer à la grande Révolution mondiale, à la victoire de la Révolution sociale.

On a su, en Russie, répondre en premier lieu à la question agraire, car c'est dans ce domaine qu'on était le plus en arrière. On a procédé à l'expropriation des terres des grands propriétaires fonciers qu'on a distribuées aux paysans pauvres des campagnes. On y a réussi dans la mesure où il était possible de le faire en 5 ou 6 ans. Nous ne méconnaissons pas que bien des choses pourraient encore être améliorées en Russie. Chaque délégué s'en est rendu compte en visitant les fabriques et les fermes de Russie. Mais il est étonnant qu'un pays qui, à la fin de la guerre, comptait certainement 80 % d'illettrés, ait été capable de rendre ses usines comparables à celles de l'Europe occidentale.

Qu'est-ce qui est le plus indispensable en Russie pour la solution de la question sociale ? Avant tout, que tous les délégués qui se sont réunis en un Congrès international et qui ont pris des décisions, soutiennent la Révolution russe. Nous devons tous, de retour dans notre pays, faire un compte rendu objectif, comme doit le faire tout délégué consciencieux. Nous devons faire en sorte que le prolétariat du monde entier connaisse les problèmes de l'économie russe. Nous devons obliger nos leaders, qui ont un point de vue différent de celui des leaders russes, qu'on peut appeler les chefs de l'économie nationale, à modifier leurs idées ou bien les remplacent par d'autres meilleures. Les ouvriers du monde entier se donnent rendez-vous en Russie pour étudier l'économie russe ; les leaders ouvriers du monde entier se donnent rendez-vous en Amérique pour étudier l'économie capitaliste.

Nous pensons que notre étude est ici beaucoup plus importante. Nous devons faire en sorte que la Russie puisse édifier pacifiquement son économie, qu'elle ne soit pas attaquée par les puissances impérialistes, que tout ce qui a été bâti en 5 ou 6 ans ne soit pas détruit par une guerre impérialiste. Nous devons veiller à tout cela. Si nous voulons faire notre devoir dans notre pays, nous devrons gagner nos camarades de travail à la lutte de classe révolutionnaire.

La Russie a commencé à réorganiser son agriculture et son industrie. En tant que mineur, j'ai pu constater que la Russie extrait une houille qui contient 80 % de charbon gras et qui possède toutes les substances chimiques dont la Russie a besoin pour son agriculture et pour son industrie chimique. Si l'industrie peut être perfectionnée au point que la houille et les produits chimiques puissent être employés dans l'agriculture, la Russie sera un pays d'exportation. Nous sommes tous d'avis que la Russie est un pays de grandes richesses minières, un pays de possibilités illimitées, et si nous voulons venir en aide aux ouvriers et paysans russes, nous pouvons le faire en abattant nos exploiteurs dans nos propres pays.

Camarades, nous serons fidèles au serment que nous avons fait à la classe ouvrière russe de l'aider à créer le front unique socialiste, le front unique syndical contre l'impérialisme. Si nos leaders réformistes n'ont pas le courage de se conformer à ce mot d'ordre, nous devons les y obliger. Je termine en criant : Vive la solidarité ! Sur les barricades ! (*Vifs applaudissements*).

WADELL (Grande-Bretagne). — Camarades, vous serez certainement d'accord avec moi pour dire que l'on ne peut admirer suffisamment la lutte de dix années menée par les ouvriers de Russie contre leur libération. Nous ne pouvons qu'appuyer la résolution. C'est à nos camarades russes que nous devons d'être venus ici pour visiter leur pays, leurs usines, leurs ateliers, pour discuter avec eux de la situation réelle, que nous connaissons maintenant de la Russie. Nous leur sommes redevables de l'occasion qu'ils nous ont fournie d'assister à la plus grande et à la plus magnifique démonstration que le monde ait jamais vue. Nous admirons le dévouement et la discipline des ouvriers russes, cette discipline et ce dévouement qui, unis au courage et à l'énergie des chefs, ont apporté la libération aux ouvriers russes. Nous comprenons que la Russie craigne la guerre qui entraverait son développement. Nous comprenons également le désir des capitalistes de renverser la République des Soviets et c'est pourquoi nous devons aider nos camarades russes à conserver les conquêtes déjà réalisées. A plusieurs reprises, nos camarades russes nous ont dit que les gens de chez nous ne comprennent pas leur situation. C'est juste. Si les ouvriers de Grande-Bretagne ou des autres pays capitalistes avaient l'occasion de venir ici et de voir de leurs propres yeux ce que nous avons vu, d'entendre ce que nous avons entendu, camarades, il n'y aurait plus de guerres. Et il n'y aurait pas de répit non plus jusqu'à ce que les autres pays ne se soient placés dans la même situation où se trouve aujourd'hui la Russie.

La difficulté sera, lorsque nous serons de retour dans nos pays, de mettre en application les termes de la résolution, résolution qui, j'en suis persuadé, sera votée avec enthousiasme par ce congrès. Examinons cette résolution et voyons les termes dans lesquels nous l'approuvons aujourd'hui. Nous aurons peine à nous contenir lorsque nous lirons des rapports sur l'oppression, la misère, la dégradation des ouvriers russes. On nous a raconté plusieurs fois que les ouvriers russes avaient faim et étaient opprimés. Nous en avons vu plusieurs, de ces ouvriers. Nous avons parlé avec eux. Nous avons parlé avec leurs enfants dans leurs logis et dans leurs jardins d'enfants. Nous avons parlé avec eux dans les écoles. Nous avons vu le peuple ici, dans les usines, et maintenant que nous connaissons leur situation, nous pourrons dire chez nous que la presse capitaliste ment.

Camarades, tant que nous aurons une presse capitaliste, nous entendrons les mêmes mensonges sur nos camarades russes.

Dans ce congrès, nous nous engageons à empêcher la guerre. Les syndicats anglais, non plus, ne veulent pas de guerre. Ce sera notre tâche, lorsque nous serons rentrés chez nous, de faire en sorte que le Conseil des Trade-Unions adopte notre point de vue et défende la Russie des Soviets jusqu'au moment où elle pourra se protéger elle-même. Camarades, nous ne faisons pas ici une simple visite à la Russie des Soviets. Nous devons faire plus que de constater comment les ouvriers russes vivent à l'usine, dans leurs ateliers. Nous devons faire plus. Nous avons reçu ici une impulsion que nous n'aurions jamais pu ressentir chez nous. Il nous faut collaborer. Nous devons faire des efforts communs pour venir en aide non seulement à la Russie, mais aussi à tous les pays qui s'efforcent de suivre l'exemple de la Russie.

Vive le mouvement des Trade-Unions !

Vive la Russie des Soviets !

(*Applaudissements.*)

Klein (France). — Camarades, au nom des ouvriers sans-parti de la délégation française, syndiqués unitaires, syndiqués confédérés et non organisés, j'apporte aux délégués des nations représentées ici, le salut fraternel des ouvriers qui nous ont mandatés.

Nous sommes venus en Russie sans idée préconçue, guidés par un souci d'impartialité et d'objectivité, pour nous rendre compte de visu de l'œuvre accomplie pendant les dix années qui ont suivi la révolution d'Octobre. C'est avec plaisir que nous reconnaissons que toutes facilités nous furent accordées pour accomplir cette mission.

Malgré les conditions précaires dans lesquelles le pays se trouvait au lendemain de la guerre, en dépit des luttes que le prolétariat russe eut à soutenir contre les contre-révolutionnaires soudoyés par les Etats capitalistes, nous sommes dans l'obligation de reconnaître les efforts accomplis en vue du relèvement économique de l'U.R.S.S. sur les bases du socialisme.

La structure de l'Etat soviétique est bien l'émanation des désirs et des volontés du prolétariat, parce que les bases reposent sur la masse.

La visite des usines et de leurs écoles d'apprentissage nous a permis d'apprécier le souci constant qui est apporté pour l'allègement de la peine des ouvriers au point de vue de la sécurité et de l'hygiène.

Le relèvement des conditions de la femme, qui est devenue l'égale de l'homme, est un fait unique.

Les clubs, avec leurs bibliothèques, leurs salles de distraction et de repos, leurs commissions culturelles, musicales et théâtrales, ont fait plus pour élever le niveau intellectuel de l'ouvrier et du paysan pendant ces dernières années que ne pourrait le faire aucun Etat bourgeois.

Les crèches sont un modèle d'organisation pour alléger les charges familiales et protéger l'enfant.

Les maisons de repos, pour les travailleurs bénéficiant de vacances, sont pour ceux-ci l'occasion d'un réel délassement trouvé dans les anciennes habitations princières.

Nous avons été frappés également du concours dévoué et désintéressé qu'apporte le corps médical dans toutes les institutions sanitaires pour la recherche des causes et le traitement des maladies professionnelles.

Nous avons pu nous rendre compte du régime libéral des prisons, des maisons de rééducation des jeunes prévenus, où le souci d'éducation a réduit la répression à sa plus simple expression.

L'effort formidable pour l'électrification des campagnes, la construction de nouvelles usines et d'habitations saines, dénotent un relèvement économique rapide et continu.

Certes, nous avons relevé des imperfections, telles que la différence excessive entre les salaires des différentes catégories, le salaire trop minime des ouvriers non spécialisés ; mais, après les assurances qui nous ont été données, en tenant compte également des difficultés qu'a à surmonter l'U.R.S.S., nous faisons confiance, ce qui a été fait étant un sûr garant pour l'avenir.

Nous n'oublions pas qu'il y a dix ans, le peuple russe était soumis au régime le plus abject, que la situation économique était dans un chaos inextricable, que le prolétariat de ce pays était le plus arriéré et qu'aujourd'hui, maître de ses destinées, il a accompli des réformes auxquelles ne pourront prétendre les ouvriers de France que le jour où ils seront débarrassés de leur bourgeoisie.

C'est cela que nous nous efforcerons de faire comprendre à nos camarades, à notre retour, comme nous nous ferons un devoir de les engager à rentrer dans leurs organisations de classe pour lutter par tous les moyens contre les Etats capitalistes, qui tentent d'entraver les efforts grandioses du seul Etat prolétarien du monde entier.

Vive la Russie des Soviets !

Vive la solidarité internationale des travailleurs ! (*Applaudissements*).

Larkin (Irlande). — Camarades, avant d'aborder le sujet de la discussion, je voudrais vous transmettre, au nom de la délégation irlandaise et des ouvriers et paysans irlandais, notre fraternel salut à l'adresse des ouvriers du monde entier, par l'intermédiaire des délégués de tous les pays. Je désire saluer tout particulièrement les délégués des peuples opprimés par l'Empire britannique et exprimer l'espoir que nos efforts réunis détruiront cet Empire.

La délégation irlandaise a été invitée à dire son opinion au sujet du rapport du camarade Rykov, ainsi que des données et des faits mentionnés dans ce rapport concernant les réalisations accomplies dans l'industrie et l'agriculture dans l'Union soviétique au cours de ces dix dernières années. Trois questions se posent à nous. La première est de savoir si ces données sont exactes. On nous a fourni une quantité de chiffres. Nous avons pu examiner un certain nombre d'usines de cette ville et, à notre avis, nous, qui appartenons à la classe ouvrière, nous estimons que c'est là le plus précieux contrôle de ce rapport. On nous a offert des possibilités illimitées d'entrer en contact et de discuter avec les ouvriers des usines. C'est sur leur opinion que nous nous appuyons, sur leur enthousiasme, leur esprit de décision, leur joie, c'est sur l'augmentation des salaires, les conditions meilleures, sur les mines réjouies des enfants, c'est tout cela qui nous indique que, non seulement ces chiffres sont exacts, mais encore qu'ils ne reflètent pas dans nos esprits l'entière réalité. Nous exprimons notre satisfaction des conquêtes traduites par les chiffres de la production. Nous exprimons notre admiration devant le développement admirable, inouï, de la production agricole.

Nous pensons que la question suivante est la question primordiale : ces succès ont-ils été réalisés au détriment de la classe ouvrière ? Les salaires ont-ils été réduits ? Les conditions de travail ont-elles empiré par suite de ce développement ? Nous constatons, au contraire, que ces réalisations ne se sont pas produites et n'ont pas été prescrites par un groupe d'experts qui discutent de chiffres et de faits, de machines et de travail humain en vue de produire des résultats semblables ; mais que c'est bien, là, le résultat de la volonté de la base, des ouvriers. Ce programme est venu d'en bas ; ce sont les ouvriers et les paysans, avec leur énergie, leur enthousiasme, leur volonté qui ont été la force dirigeante et la cause de cette augmentation de la production. Ce n'est pas non plus la conséquence d'une prolongation de la journée de travail. Au contraire, elle a été réduite. Les ouvriers de ce pays ont vu leur temps de travail diminuer et leurs salaires augmenter. Leur enthousiasme provient du fait qu'ils ont participé à cette œuvre et qu'ils en sont les bénéficiaires. De plus, ce n'est pas seulement leur enthousiasme, leur énergie qui sont en cause ; ces succès ont été rendus possibles par la dictature du prolétariat dont ils sont une expression concrète.

Une autre question importante que je désire soulever, c'est la question de savoir comment ce programme a été réalisé : par la socialisation de l'industrie ou malgré la socialisation de l'industrie ? Je pense que l'on peut répondre à cette question dans le même sens que pour la précédente. Y a-t-il dans cette assemblée un délégué qui croie qu'un tel programme puisse être accompli sur une base quelconque, et qui ne soit pas convaincu qu'il s'agit d'un système construit et appuyé sur une base sociale ? Dans les pays capitalistes, les méthodes visant à l'augmentation de la production sont appliquées au détriment des ouvriers. L'autre système dépend de l'activité des masses et je ne doute aucunement que l'une des raisons essentielles de ce progrès a été la socialisation de l'industrie

Nous, membres de la délégation irlandaise, nous déclarons satisfaits du rapport du camarade Rykov. Nous estimons qu'il constitue un tableau exact des progrès réalisés dans l'Union soviétique au cours de ces dix dernières années d'existence. Nous constatons qu'il nous montre une amélioration des conditions d'existence de la classe ouvrière, une augmentation de la production du travail et de la production dans l'industrie comme dans l'agriculture. Si cet énorme progrès a pu être réalisé en 5 années seulement de construction du socialisme, est-il impossible qu'au cours de la prochaine décade, l'Union soviétique devienne la forteresse invincible des ouvriers de l'agriculture et de l'industrie, grâce à leur travail et à leur productivité, la forteresse qui résistera à toutes les attaques des pays capitalistes ? Mais, à une seule condition : c'est qu'au cours de la prochaine décade, elle puisse être à l'abri d'une guerre impérialiste. C'est notre tâche, à nous délégués qui représentons ici tous les pays du monde. Nous avons pu étudier les conditions d'existence actuelle des ouvriers. Nous savons ce qui se fait, et en retournant dans nos pays, nous aurons pour obligation de concentrer tous nos efforts pour convaincre nos compagnons de travail que les conditions créées actuellement dans ce pays sont à l'avantage de la classe ouvrière ; et si nous pouvons les gagner et les convaincre, tout danger de guerre impérialiste contre l'Union soviétique sera écarté. Nous devons arriver à leur faire comprendre que leurs espoirs, leur libération sont liés au sort de la Russie des Soviets. Nous devons leur faire comprendre que s'ils s'unissent et permettent ainsi aux ouvriers et aux paysans de la Russie des Soviets de poursuivre leur œuvre constructive, l'Union soviétique deviendra de plus en plus la force et l'espoir des ouvriers du monde entier.

Vive la Révolution !

Vive l'Union soviétique !

Vivent les ouvriers et les paysans de la Russie des Soviets ! (*Applaudissements*).

Richardson (Afrique). — Chers camarades, j'éprouve la plus grande satisfaction à avoir aujourd'hui l'occasion de vous adresser une courte salutation, qui, je l'espère, répondra aux exigences de ce congrès. En premier lieu, je dois vous dire que je viens ici vous apporter le salut de tous mes confrères du littoral africain occidental. Je suis chargé de vous dire que l'excellent travail que vous avez accompli ici suscite l'intérêt des peuples d'Afrique et que vous serez surpris de savoir qu'une bonne partie de notre peuple a entendu parler de ce que vous faites ; mais le gouvernement anglais cherche à étouffer cela Je viens ici en qualité de président de la

Fédération syndicale des cheminots de l'Afrique du Sud-Ouest, qui groupe 5.000 membres. Lorsque je reçus l'invitation de venir ici, je m'imaginais que cela était vraiment impossible ; mais, après réflexion, je me dis que c'était de ma part une grave injustice de refuser cette occasion. Je décidai donc de venir pour voir de mes propres yeux l'œuvre que vous avez accomplie. Je puis affirmer ici, dans cette assemblée, que dès que je suis arrivé dans ce pays, j'ai constaté que la Russie a fait un bon travail, dont je me déclare étonné. Ici, vous avez créé maintenant une organisation. Nous devons marcher ensemble, agir ensemble. Vous devez toujours, au sein de cette organisation, être avec vos chefs et les appuyer dans leur travail !

Camarades, vous êtes venus ici des différentes parties du monde. Nous devons nous unir, nous devons rester liés et coordonner nos efforts. Il ne faut pas se contenter d'écrire, il faut travailler lorsque nous serons de retour dans nos pays. Je désire entendre nos camarades de Londres, ceux d'Amérique, comme ceux de Russie, de Chine et de tous les pays du monde, déclarer que nous voulons coordonner nos efforts. Si nous laissons les capitalistes pénétrer dans nos rangs, nous sommes battus. Les capitalistes ont le pouvoir ; mais si nous, les ouvriers, réussissons à coordonner nos efforts, nous aurons la victoire.

Ce qui a provoqué la mésentente, ce sont les mensonges répandus dans la classe ouvrière du monde entier concernant la Russie. En Afrique, nous avons vu la lutte, nous l'avons faite. Il y a parmi notre classe ouvrière certains éléments que l'on appelle « clarks » (employés). Ils peuvent écrire, ils sont bien habillés. Ils nous regardent de haut, nous les hommes de couleur qui faisons les besognes ingrates. Mais, qui fait leurs habits ? Qui construit les belles maisons ? Ce sont toujours les ouvriers. Ce sont les ouvriers qui font toute la besogne. (*Applaudissements*).

Je vous dis donc, camarades, que si nous voulons construire un monde pour les ouvriers, nous devons coordonner nos efforts. Si nous avions su qu'il existait une telle organisation en Russie, je crois que les choses auraient mieux marché pour nous, en Afrique. Vous êtes les chefs de cette organisation, l'unique organisation de ce genre dans l'histoire du monde. Mais on ne peut rien accomplir si l'on travaille isolément. Nous avons été appelés ici et nous devons arriver à nous entendre afin que nous puissions retourner dans nos pays pour nous mettre à l'œuvre et rester en contact les uns avec les autres.

Je vous souhaite, camarades, tout le succès possible dans cette entreprise. Je souhaite longue vie à l'Union soviétique et la réussite dans tout ce qu'elle entreprendra.

PUTZ (délégation paysanne allemande). — Camarades, dans le rapport du camarade Rykov, la nécessité de la collaboration entre les ouvriers et les paysans occupe une grande place. La délégation paysanne allemande a eu l'occasion de constater quelles sont les mesures par lesquelles les Soviets expriment cette alliance des ouvriers et des paysans pour encourager l'économie paysanne. La délégation paysanne allemande croit être particulièrement en droit de parler de son expérience, car cette expérience a été acquise dans une région où elle a pu parler dans sa langue natale. Les huit jours dont nous avons disposé pour faire nos observations, nous les avons passés dans les village allemands du Volga, dans la République soviétique autonome allemande. Les recherches que nous avons faites dans cette région ont donné une grande satisfaction à toute la délégation. C'est d'autant plus significatif que notre délégation est composée de 3 communistes seulement et de 5 paysans sans-parti qui sont complètement étrangers aux idées communistes. Les mesures que le camarade Rykov a exposées hier en tant que programme, nous en avons vu la réalisation complète. Tout ce qui est nécessaire pour cette alliance des ouvriers et des paysans, nous l'avons vu dans les villages, dans les stations de chemins de fer, dans les dépôts de céréales, dans les écoles agronomiques et autres institutions destinées au perfectionnement de l'agriculture. Nous voulons exposer ici une partie de ce que nous avons observé avec la plus grande joie. Le camarade Rykov, dans son rapport, parlait, entre autres, de l'indépendance nationale, de la libération des peuples par le pouvoir soviétique. Le fait que la délégation paysanne allemande a eu l'occasion de venir dans une région où la presse, la littérature, les décrets du gouvernement, les écoles agronomiques et autres institutions sont en langue allemande, est une preuve frappante que cette revendication du pouvoir soviétique est entièrement réalisée. Nous avons aussi constaté avec joie que l'Union soviétique instruit les fils de paysans pauvres et moyens dans les écoles agronomiques dans différents chefs-lieux d'arrondissements, nous avons parlé avec les fils de paysans sur leur travail, leurs études, leur origine sociale. Nous nous sommes rendu compte que le moment viendra rapidement où ces couches donneront d'excellents instituteurs pour les paysans. Nous avons vu comment l'Union soviétique apporte l'instruction, jusque dans les villages les plus reculés, aux paysans qui ont souffert d'une oppression séculaire. Nous avons vu qu'on a organisé dans cette région les soins médicaux et vétérinaires aux frais du gouvernement régional, c'est-à-dire du gouvernement des Allemands du Volga. C'est une mesure qui dépasse de beaucoup ce que nous avions espéré. La vaccination contre les épizooties est pratiquée annuellement dans une très grande mesure pour les chevaux, les vaches et les porcs.

L'Union soviétique attache une grande importance à l'organisation coopérative des paysans. Dans un village où nous avons dû nous arrêter, par suite d'un accident d'automobile, nous avons assisté à une réunion de 300 paysans. Nous y avons entendu un rapport du président de la coopérative agricole de ce village.

Il ressort de son rapport que 72 à 80 % des paysans sont membres de la coopérative, qu'on utilise collectivement les tracteurs, les semeuses, que les coopératives de la région ont installé des magasins d'achat de céréales, des entrepôts, de sorte que les paysans ne sont plus obligés de faire comme autrefois 200 ou 300 kilomètres jusqu'à la prochaine gare ou jusqu'au Volga pour vendre leur blé.

Il y a, là-bas, 1.400 fermes organisées en coopératives; elles cultivent des graines sélectionnées. Ces graines, depuis 1921, l'année de la terrible famine, se sont tellement multipliées que, pendant la dernière année, elles ont suffi pour les semailles et qu'il en reste encore 40.000

pouds.

Ainsi, en toutes choses, la délégation paysanne allemande a pu constater ce que Rykov a exposé dans son rapport.

La délégation paysanne allemande s'est donné pour but d'expliquer aux paysans allemands tout ce qu'elle a vu en Russie, de dissiper le nuage de mensonges et de calomnies que l'on répand sur l'Union soviétique, de montrer que les paysans russes n'ont pu arriver à de tels succès que grâce à l'alliance étroite des paysans avec le prolétariat industriel des villes.

La délégation paysanne allemande a été profondément convaincue que seule cette alliance a pu briser la puissance du tsarisme.

Si l'impérialisme est inquiet de toute cette activité, a déclaré la délégation paysanne allemande, en tout cas, elle fera tout, après son retour, pour faire comprendre aux paysans allemands que l'une des tâches les plus urgentes est d'empêcher que le travail pacifique de l'Union soviétique ne soit entravé par des intrigues; elle souhaite le meilleur succès aux ouvriers et aux paysans russes dans leur travail. C'est dans cet esprit que nous travaillerons dans notre pays.

Nous souhaitons aux ouvriers et paysans russes le XXe anniversaire de prospérité et de bien-être sous le pouvoir soviétique (*Applaudissements*).

Lewer (Amérique). — Camarades, compagnons et amis. Il y a dix ans que, au milieu du bain de sang qui ensanglanta l'Europe occidentale, se produisit le plus grand événement de l'histoire. Les ouvriers et les paysans de Russie se dressèrent et refusèrent de combattre plus longtemps dans la guerre impérialiste et s'attaquèrent aux propriétaires fonciers, aux capitalistes, au gouvernement tsariste, afin d'arracher le pouvoir des mains de ce gouvernement. A ce moment-là, cela fut interprété par la presse européenne et américaine comme une trahison du peuple russe. Mais, depuis lors, nous avons constaté que c'étaient les ouvriers révolutionnaires de Russie qui avaient raison et que l'erreur était du côté des militaristes et des capitalistes du monde entier.

Il y a dix ans, nous nous réunissions dans un grand meeting et montrions du doigt la sombre Russie. Aujourd'hui, nous rencontrons à Moscou les ouvriers révolutionnaires de 42 autres pays et nous montrons du doigt la sombre Amérique, où les ouvriers sont organisés plus faiblement qu'en aucun autre pays industriel au monde. Je dois déclarer à nos camarades russes que le message qui leur a été adressé par les leaders de l'American Federation of Lobor et par les quatre fédérations des transports d'Amérique, et selon lequel les ouvriers d'Amérique ne sont pas avec la classe ouvrière russe, est absolument contraire à l'attitude de la classe ouvrière américaine à l'égard de la Russie. Si l'on suit les étapes des congrès des diverses organisations syndicales qui se sont tenues depuis la Révolution russe, on constatera qu'à maintes reprises, les congrès des organisations syndicales internationales représentant les ouvriers des Etats-Unis et du Canada ont réclamé la reconnaissance de la République des Soviets et ont combattu pour le rétablissement des relations commerciales. Les résolutions prises en sont la preuve. Et maintenant, en dépit des requêtes faites par plusieurs congrès au nom de centaines de milliers d'ouvriers, réclamant la reconnaissance de la République des Soviets, nous voyons les soi-disant leaders des syndicats américains déclarer une guerre acharnée, contre qui? Contre les ouvriers et les paysans de la République des Soviets qui, seuls, eurent le courage, l'intelligence, l'habileté, la capacité d'organisation et d'enthousiasme suffisants pour renverser l'Empire russe et établir un régime au profit des ouvriers et des paysans eux-mêmes.

Les amis de la République des Soviets, représentant toutes les nations, sont ici assemblés. Vous vous êtes déclarés pour la Russie, comme nous-mêmes l'avons fait. Vous avez vu de vos propres yeux, comme nous aussi, les grandes conquêtes réalisées, grâce aux capacités d'organisation des ouvriers russes. Au cours de ces dix dernières années, nous avons constaté, dans notre propre pays, que les leaders ouvriers se sont mis à la remorque des impérialistes. Nous voyons, d'autre part, que la République russe, après quatre ou cinq années d'efforts a réalisé de réels progrès, qu'elle a accompli un énorme travail d'organisation et nous sommes vivement impressionnés par toute l'œuvre réalisée. Nous devons nous rappeler qu'il s'agissait d'un pays entièrement ruiné par la guerre civile, la famine, les interventions militaires. Aujourd'hui, nous voyons les ouvriers russes édifiant de leurs propres mains une nouvelle République qui appartient aux hommes et aux femmes qui labourent la terre, qui travaillent dans les usines et dans les mines, mais dans leur propre intérêt et non plus au profit de quelques lords et capitalistes. Nous avons été surpris de la grande œuvre réalisée au cours de ces quelques années. Nous regrettons de ne pas vous avoir mieux soutenus dans le passé et nous espérons que nous pourrons vous aider davantage à l'avenir. Nous rentrerons chez nous pour réorganiser les syndicats des Etats-Unis et du Canada sur une base industrielle, de façon que, dans un avenir prochain, nous représentions, nous aussi, quelque chose dans le mouvement ouvrier international.

Notre message s'adresse à tous nos camarades de la République des Soviets. Nous sommes fiers de ce que vous avez fait et nous vous affirmons qu'il y a, en Amérique et au Canada, des centaines de milliers, des millions d'ouvriers qui sont fiers de votre œuvre. Nous espérons que vous accomplirez plus encore dans l'avenir que ce que vous avez fait jusqu'à présent.

Devillers (Belgique). — Au nom de la délégation belge, nous apportons notre salut fraternel à tous les délégués qui assistent à ce congrès. Nous sommes heureux également de l'occasion qui nous est donnée d'affirmer nos sentiments de profonde solidarité à l'égard des travailleurs et des paysans de l'U.R.S.S.

Nous sommes heureux d'affirmer aux travailleurs de Russie que nous nous solidariserons complètement avec tous les mots d'ordre qui sont lancés aujourd'hui de cette tribune et, lorsque, de retour dans nos pays, nous aurons réfuté les mensonges de la presse bourgeoise et de ses valets, nous avons la certitude que le prolétariat tout entier comprendra cette fois que, pendant trop longtemps, on a essayé de nous faire apparaître le régime soviétique comme un régime anti-ouvrier. Vive le front unique! Vive l'unité syndicale internationale! Vive la solidarité internationale de tous les travailleurs!

Bolgann (Scandinavie). — Au nom de tous les délégués des syndicats présents à Moscou, j'exprime notre joie d'avoir entendu le discours du camarade Rykov sur la politique d'édification. Nous, les délégués des syndicats, avons déjà voyagé à travers l'Union soviétique et avons eu ainsi l'occasion de voir ce qui est réel et de constater les progrès véritables de l'œuvre constructive. Maintenant, nous pouvons déclarer avec satisfaction que le travail de construction se poursuit vraiment rapidement et rationnellement.

La politique menée par les centres dirigeants de l'Europe occidentale contre l'Union des Soviets, et, dans bien des cas, dirigée aussi contre la coopération, ne poursuit que des buts capitalistes et impérialistes; elle n'a qu'un seul objectif : encercler ou isoler l'état socialiste ouvrier, l'Union soviétique. Pour cette raison il est très utile, — et j'insiste pour que toutes les coopératives étrangères le recommandent, — de nouer des relations étroites avec les coopératives de l'Union soviétique, afin qu'elles soutiennent aussi, le plus énergiquement possible et de la manière la plus large, l'œuvre de coopération qui se poursuit ici dans l'Union des Soviets, l'immense travail social et culturel qui s'y accomplit. Cela est d'autant plus nécessaire que nous avons constaté qu'ici l'œuvre coopérative suit le bon chemin, la voie qui conduira les ouvriers et les paysans vers notre but final, le socialisme (*Applaudissements*).

Canonne. — Nous allons donner la parole au camarade Ugarte, au nom des Républiques latines. Le camarade Ugarte parlera en espagnol; mais il se fera un plaisir de faire lui-même la traduction en français à la délégation française.

Ugarte (Républiques latines), expose la situation des peuples de l'Amérique latine, qui est un territoire occupant les trois quarts du Continent, avec une population de 80 millions d'habitants, dominés par l'impérialisme du nord qui recrute ses agents parmi les politiciens nationaux. Ugarte déclare que ces peuples sauront puiser la force nécessaire pour tenir en respect l'impérialisme nord-américain et ses agents en s'inspirant de l'exemple qui leur est offert par la Russie soviétique.

Les délégués, au nom desquels il parle, ont trouvé deux directions essentielles : l'une, pour lutter face à l'impérialisme et l'autre, pour lutter contre les classes dominantes qui le servent.

Ils sauront s'inspirer de l'exemple extraordinaire, unique dans l'histoire, qu'ils ont sous leurs yeux, pour organiser les forces des peuples sud-américains pour l'œuvre de rénovation sociale qui s'impose (*Vifs applaudissements*).

CANONNE. — Je rappelle qu'il y aura, à 2 heures, une suspension de séance pour le repas. La séance reprendra à 6 heures. Il est donc inutile de quitter la salle entre temps.

En même temps, j'informe le Bureau des camarades délégués et le Bureau de la Presse qu'à 4 heures 30 tous les renseignements leur seront donnés dans la rotonde qui se trouve derrière la tribune. Les membres de la commission des résolutions devront s'y trouver à 4 heures 30 également.

Troisième séance

(11 novembre 1927, après-midi)

Président : Lawter. (Angleterre)

Les débats de la séance de l'après-midi ont particulièrement fait ressortir le caractère international du congrès.

Après Jeannret *(Suisse)* et Thomas *(délégation des jeunes), le président lut les télégrammes de salutation.* Sokhatsky *décrivit la lutte héroïque du prolétariat révolutionnaire de Pologne sous le régime Pilsudski.* Tucker *(Etats-Unis) parla des succès réalisés par l'Union soviétique, particulièrement dans le domaine de l'instruction publique.*

Une délégation d'ouvriers et d'ouvrières de la ville de Kostroma fut accueillie par une tempête d'applaudissements. La délégation apportait un drapeau aux délégations ouvrières allemande, française et esthonnienne en souvenir de leur visite à Kostroma. Puis suivirent les salutations : de l'Armée rouge, des ouvrières et paysannes de la Conférence féminine qui s'est récemment tenue à Moscou, des ouvriers des métaux, d'une délégation de la fabrique de bonneterie « Noguine » et de l'usine métallurgique « Le Prolétaire rouge ». Navan-Namgil *(Mongolie), représentant du parti révolutionnaire mongol, apporta un drapeau qui fut reçu par Lounatcharsky, qui lui serra la main et lui donna l'accolade.*

Lorsque le représentant italien, Galiléo, *monta à la tribune, il se produisit une manifestation anti-fasciste spontanée, qui se termina par le chant de la « Bandiera Rossa ». Un représentant de la Pologne présenta une résolution de protestation contre le fascisme, qui fut adoptée à l'unanimité. Un représentant du Comité syndical africain parla de l'impérialisme dans l'Afrique du Sud. Le discours enflammé de* Saklatvala *fut une mise en accusation de l'impérialisme britannique. Après lui parla le professeur* Néjedly *(Tchéco-Slovaquie). Après un représentant du parti ouvrier norvégien,* Boukharine *prit la parole. Dans son discours mordant et précis il attaqua vigoureusement l'idéologie de la IIe Internationale. Il fit une analyse de la démocratie prolétarienne, opposée à la « démocratie » dans le sens bourgeois, illusoire, inexistante, théorique et mit en parallèle les échecs des gouvernements social-démocrates avec les résultats du travail d'édification de l'Union soviétique.*

Après une courte allocution d'un délégué hindou, la séance fut levée à 11 heures 1/2.

Jeannret (Suisse). — Il fut un temps où la Suisse était un pays libre, lorsque le camarade Lénine y trouva un refuge. A l'heure actuelle, la délégation suisse doit apprendre chez les ouvriers de l'U.R.S.S. l'action révolutionnaire. Nous ne répéterons pas ici tout ce qu'ont déjà dit les autres camarades sur les succès obtenus par les ouvriers de l'U.R.S.S. Nous nous rallions entièrement à tout ce qui a été dit ici. J'ajouterai seulement qu'il y a dans la délégation suisse deux camarades qui connaissent la langue russe et nous avons pu mieux que les autres délégations connaître la vie des ouvriers russes. Nous sommes arrivés à la conviction unanime que les ouvriers russes vivent mieux qu'avant la révolution. Bien plus, nous voyons que les idées du socialisme, du communisme, jouissent de l'appui des autres classes de la population et pénètrent de plus en plus les grandes masses du peuple russe.

THOMAS (délégation des jeunes). — Il existe une différence énorme entre la situation des jeunes dans l'U.R.S.S. et à l'étranger. Alors que dans l'U.R.S.S. il y a des lois qui restreignent le travail des jeunes, qui l'aident à acquérir une éducation professionnelle, la jeunesse en Angleterre est en but à l'exploitaion et s'enfonce de plus en plus dans la misère et la dégénérescence.

SOKHATSKI (Pologne), salue le congrès au nom du comité mixte polonais organisé dans le but d'envoyer une délégation ouvrière dans l'U.R.S.S. Font partie du comité : les organisations ouvrières, paysannes, polonaises, ukrainiennes et blanc-russiennes, les représentants du parti paysan indépendant, du parti ouvrier socialiste indépendant, du parti socialiste polonais et d'autres organisations.

L'idée d'envoyer une délégation ouvrière dans l'U.R.S.S. a été accueillie avec enthousiasme par les masses ouvrières de Pologne. Les délégués ont été élus dans les réunions de fabriques et d'usines.

Le gouvernement Pilsudski a pris toutes les mesures pour empêcher l'envoi de la délégation. Les réunions d'élections étaient dissoutes par la police. Les délégués élus étaient arrêtés

Tandis qu'en Pologne règne la terreur, tandis que les peuples asservis gémissent sous le joug de l'impérialisme polonais, l'alliance des ouvriers avec la grande masse des paysans travailleurs est réalisée de l'autre côté de la frontière, dans le libre pays des Soviets où s'édifie le socialisme. Le fascisme polonais, collaborant étroitement avec les bandits de l'impérialisme mondial, organise ses forces pour combattre l'Union soviétique.

Les derniers actes du fascisme polonais à l'égard de la Lithuanie montrent nettement que le danger de provocation à la guerre de la part du fascisme polonais est un danger réel. Les masses laborieuses de la Pologne sont intimement intéressées à la défense de l'Union soviétique, pays d'édification socialiste. C'est sous ce mot d'ordre que se sont déroulées, en Pologne, les manifestations en l'honneur du grand anniversaire d'Octobre. Vive la révolution d'Octobre! Vive l'U.R.S.S.! Vive l'Octobre mondial! (*Vifs applaudissements*).

TUCKER (Angleterre). — L'U.R.S.S. est le seul pays du monde où le socialisme, la coopération et le mouvement syndical se sont unis pour une œuvre créatrice commune. Les résultats de ce travail sont réels. Le pays vit d'une vie nouvelle et de grandes perspectives s'ouvrent devant lui.

Les résultats obtenus par l'U.R.S.S. dans le domaine de l'instruction publique sont particulièrement grands, ainsi que dans le domaine de l'égalité économique et juridique de l'homme et de la femme, dans le domaine de la protection de la maternité et de l'enfance.

Les succès de la coopération dans l'U.R.S.S. ne peuvent être comparés avec la situation de la coopération à l'étranger. Ce contraste ne s'explique pas seulement par le fait que les coopérateurs de l'Europe occidentale doivent travailler dans les conditions du régime capitaliste, mais par le fait que, dans l'U.R.S.S., la coopération se développe sur le terrain du socialisme.

Lioubimov (Kostroma U.R.S.S.). — Les ouvriers de Kostroma m'ont chargé de saluer en leur nom les meilleurs représentants du prolétariat du monde entier (*Applaudissements*).

Camarades, trois délégations, nos camarades allemands, français et esthoniens, nous ont visités dans notre petite ville. Ils y ont fêté l'anniversaire de la révolution d'Octobre. Les ouvriers ont décidé, dans leurs assemblées, d'envoyer aux ouvriers d'Allemagne, de France et d'Esthonie, à leurs frères de classe, ce cadeau modeste, les drapeaux rouges qui les conduiront à la victoire comme elles y ont conduit les ouvriers de l'Union soviétique (*Il étend le drapeau. Applaudissements*).

Melnitchansky. — Je prie les représentants des délégations allemande, française et esthonienne de recevoir leurs drapeaux.

Lioubimov. — Camarades, nous sommes certains que le temps n'est plus éloigné où tout le prolétariat du monde entier sera aussi libre que le prolétariat russe, que le prolétariat de l'U.R.S.S. poursuivra son action pour l'amélioration de sa situation matérielle et morale. Nous savons qu'actuellement le capitalisme, effrayé par le développement formidable de l'économie de l'Union soviétique, prépare la guerre contre elle. Ce congrès international nous montre qu'à la première tentative des Etats capitalistes d'attaquer l'Union soviétique, la classe ouvrière du monde entier se lèvera comme un seul homme. Cela constitue un gage de la victoire finale du prolétariat dans le monde entier.

Camarades, vive la Révolution mondiale!

Vive le Pouvoir soviétique dans le monde

entier! (*Applaudissements. Les délégués se lèvent et chantent* l'Internationale).

Canonne. — Camarades de Kostroma, ce drapeau que vous nous remettez est pour nous le symbole du sang versé par la classe ouvrière de Russie, non seulement pour son affranchissement, mais aussi pour l'affranchissement du prolétariat mondial.

En le remettant aux mains des travailleurs de France, nous leur rappellerons les sacrifices que vous avez faits. Nous sommes persuadés que, derrière le drapeau de Kostroma, les ouvriers français marcheront bientôt à l'assaut du capitalisme, et que nous planterons le drapeau de Kostroma, le premier, sur les ruines de la bourgeoisie (*Vifs applaudissements*).

Blume. — Camarades, au nom de la troisième délégation ouvrière, je remercie les ouvriers de Kostroma pour le drapeau qu'ils nous ont remis pour que nous le transmettions aux ouvriers allemands. Il sera pour nous un symbole dans la lutte émancipatrice contre le joug capitaliste, dans la lutte contre nos oppresseurs.

Vive le premier Etat ouvrier!

Vive l'unité syndicale internationale!

Vive la solidarité internationale!

(*Applaudissements*).

Le Président : La camarade Kojevnikova a la parole.

Kojevnikova (Moscou). — Camarades, permettez-moi de vous adresser, au nom des ouvrières et des paysannes, un salut chaleureux et fraternel à l'occasion du Xe anniversaire de la révolution d'Octobre (*Applaudissements*).

Les ouvrières des usines, les paysannes travaillant à la charrue, édifient depuis 10 ans le pays des Soviets. 22.000 ouvrières et paysannes remplissent des fonctions électives. 7.000 ouvrières et paysannes travaillent dans les Soviets et assurent des fonctions de direction. Les travailleurs se préparent à la lutte, car nous sommes en présence d'une grave menace pour la paix de notre pays. Les travailleuses de notre grande Union se sont fait un devoir de préparer leurs fils, d'exécuter les enseignements du camarade Lénine et de se préparer elles-mêmes. Près de 15.000 femmes s'instruisent dans les cercles sanitaires. Plusieurs milliers font partie des cercles de tir. Elles y apprennent à manier les armes, car elles auront à accomplir leur devoir non seulement à l'arrière, mais aussi pour défendre, les armes à la main, les grandes conquêtes du prolétariat (*Applaudissements*).

En vous saluant, les femmes travailleuses de l'Union soviétique envoient leur salut fraternel à leurs sœurs de l'étranger. Elles les appellent à la lutte contre la bourgeoisie; elles leur déclarent qu'elles se battront jusqu'à la mort dans les rangs du prolétariat mondial!

Vive la Révolution sociale!

Vive l'Internationale Communiste, qui conduit sur le chemin de l'émancipation non seulement les femmes de l'Union soviétique, mais aussi celles du monde entier! (*Applaudissements*).

NAVAN-NAMJIL (Mongolie). — Camarades, au nom du Comité central du Parti national-révolutionnaire de Mongolie et au nom du Comité central de la fédération révolutionnaire des jeunesses de Mongolie et de tous les travailleurs de la République nationale de Mongolie, j'adresse mon salut fraternel aux masses laborieuses de l'Union soviétique qui a fait, il y a dix ans, la révolution d'Octobre et qui, depuis dix années, édifie héroïquement le socialisme. Je salue chaleureusement les représentants des organisations ouvrières et paysannes venus pour participer à la fête du dixième anniversaire de la révolution d'Octobre. L'édification du socialisme en U.R.S.S. est un encouragement pour les ouvriers et les paysans des pays capitalistes ainsi que pour les peuples opprimés de l'Orient. Les impérialistes préparent la guerre contre l'Union soviétique. J'espère que les représentants des délégations ouvrières et paysannes de l'étranger, qui participent à la conférence internationale des Amis de l'U.R.S.S., feront tout leur possible, de retour dans leur pays, pour aider au travail d'édification pacifique des ouvriers et des paysans de l'Union soviétique. La délégation mongole demande au Présidium de la conférence internationale des Amis de l'U.R.S.S. de transmettre ce drapeau rouge aux ouvriers et aux paysans de l'Union soviétique, au gouvernement de l'Union soviétique.

Vive l'édification socialiste de l'Union soviétique!

Vive le mouvement d'émancipation nationale dans l'Orient!

Vive la Révolution prolétarienne mondiale!

(*Applaudissements*).

Réponse de Lounatcharsky

Lounatcharsky reçoit le drapeau des mains de Navan- Jamjil et déclare, dans l'enthousiasme général :

Camarades, en recevant des mains du représentant de nos amis et alliés mongols ce drapeau, en ma qualité de membre du gouvernement de l'Union soviétique, je jure, au nom des ouvriers et paysans de l'Union soviétique, que nous continuerons, tous, avec la plus grande énergie, notre lutte pour la liberté et le développement culturel de tous les peuples du monde, tant que n'aura pas disparu définitivement le régime de l'exploitation de l'homme par l'homme. (*Applaudissements.*)

Vive la Révolution mondiale! (*Applaudissements enthousiastes.*)

Lounatcharsky donne l'accolade au représentant de la République populaire mongole.

(*Salutation.*)

DALSKY. — Camarades, nous, ouvriers métallurgistes de l'usine « Le travail prolétarien », nous sommes réunis et avons élu une délégation composée des plus vieux ouvriers pour saluer nos frères de travail de l'étranger. Au jour du Xe anniversaire de la révolution d'Octobre, nous avons fait le bilan de notre travail dans l'Union soviétique afin de vérifier le chemin que nous avons suivi. En octobre 1917, nous avons pris le pouvoir pour édifier nous-mêmes notre existence, notre bien-être, pour lutter pour l'émancipation du prolétariat mondial. En octobre 1917, nous avons posé les fondations; maintenant, nous avons déjà élevé les murs de notre forteresse, de l'Union soviétique, et cette forteresse, nous l'avons consolidée pour que la classe ouvrière du monde entier puisse s'y appuyer. Durant cette période, nous avons augmenté le rendement du travail, et, maintenant, un ouvrier produit, par jour, pour la somme de 19,5 roubles, au lieu de 15 roubles qu'il produisait auparavant. Nos salaires augmentent d'année en année. Nous surmontons toutes les difficultés qui se dressent devant nous. Nous écartons tous ceux qui craignent les difficultés, qui pleurnichent devant les difficultés et nous poursuivons fermement notre chemin, car nous sentons que nous travaillons pour le mouvement ouvrier international, pour le prolétariat mondial. Sans aucun secours de l'extérieur, par l'effort de nos propres mains, par nos propres moyens, nous avons reconstitué ce que nous avons reçu en héritage de notre bourgeoisie. Actuellement, notre production a déjà dépassé celle d'avant-guerre et nous continuons à progresser pour consolider encore davantage l'Union soviétique, base et forteresse de la Révolution mondiale.

Dans ce travail, nous pensons continuellement à nos frères qui souffrent dans les conditions du capitalisme à l'étranger. Nous suivons avec le plus grand intérêt toute manifestation d'activité de l'étranger et nous espérons que maintenant que les masses ouvrières de l'étranger ont commencé à nous envoyer des délégations, elles se rendront compte de l'ineptie des calomnies que la bourgeoisie a répandues jusqu'ici contre l'U.R.S.S. Les camarades qui sont venus ici en sont un gage. Nous devons créer le front unique pour prendre l'offensive contre la bourgeoisie. Nous devons nous allier pour ne pas permettre aux capitalistes, qui nous haïssent, de nous attaquer. Ils nous haïssent parce que, malgré leurs prophéties, notre Etat prolétarien se maintient depuis déjà 10 années. Ils nous haïssent parce que, malgré leurs prophéties, notre Etat prolétarien se maintient depuis déjà 10 années. Ils nous haïssent parce que nous restons et nous resterons au pouvoir, parce que nous sommes forts. Permettez-moi de vous saluer encore une fois au nom des ouvriers des métaux de la ville de Moscou. Notre amitié, notre solidarité avec vous est aussi solide que le métal.

Vive la Révolution mondiale!

(*Tempête d'applaudissements.*)

Bobrova. — Camarades, permettez-moi de vous saluer au nom de la fabrique de bas de Marinski. Camarades, nos ouvrières du textile, au nombre de 2.000, vous adressent leur salut chaleureux ainsi qu'à la déléguée qui est venue voir, chez nous, comment nous travaillons dans notre capitale rouge. Camarades, en 1917, notre usine ne comptait que 200 ouvrières. Actuellement, elle en compte plus de 2.000. C'est là un résultat, une conquête de notre révolution. Mes camarades m'ont chargé de vous dire qu'après avoir vu notre travail, vous pourrez faire plus facilement le vôtre. Lorsque vous serez de retour chez vous, dites aux ouvriers et aux ouvrières de votre pays les succès que nous avons obtenus grâce à notre révolution. J'espère que les camarades étrangers qui ont visité l'U.R.S.S. et qui ont vu ce que nous avons fait, entreprendront au plus tôt l'œuvre déjà accomplie par le parti communiste russe.

Vive notre Parti communiste!

Vive les conquêtes de notre Octobre rouge.

Vive la révolution dans le monde entier!

Camarades, abolissez le plus tôt possible le pouvoir de votre bourgeoisie. (*Applaudissements.*)

Abankin. — Camarades! Au nom des ouvriers et employés de l'usine métallurgique « Le Prolétaire Rouge », je salue le congrès des Amis de l'Union soviétique. Camarades! Vous avez participé avec nous aux fêtes du Xe anniversaire de la révolution d'Octobre et vous avez constaté les résultats que nous avons obtenus. Nous vous demandons de faire connaître à nos camarades de l'étranger toute la vérité sur ce que vous avez vu chez nous.

Camarades, il y a dix ans, sous le drapeau du parti communiste, nous, ouvriers, sommes descendus dans les rues pour combattre le tsarisme. Sur ces dix années, nous n'avons eu que 5 ou 6 années à notre disposition pour poursuivre notre travail d'édification pacifique, pour reconstituer notre économie, pour édifier le socialisme, pour construire les bases de la révolution prolétarienne mondiale. Et les résultats obtenus, qui ont été soulignés ici par les camarades ouvriers et ouvrières de nos usines, sont inconstestables. C'est pourquoi nous vous demandons de faire savoir à nos camarades de l'étranger que nous sommes pleins d'énergie et d'enthousiasme pour l'édification des fondements de la société socialiste. Dites-leur également qu'il est temps qu'ils se joignent à nous, qu'ils renversent également l'ennemi et commencent la réalisation de la Révolution mondiale.

Vive la Révolution mondiale!

Vive l'Internationale Communiste!

Vive l'avant-garde de notre classe ouvrière, le Parti Communiste! (*Applaudissements.*)

Galileo (Italie). — Camarades! Au nom de la délégation italienne, j'adresse à tous les plus chaleureuses salutations.

En prenant la parole ici, j'examine la pensée unanime de toute la délégation italienne, composée de représentants de toutes les tendances et des sans-parti, et c'est l'expression du mouvement de l'unité prolétarienne qui se développe en Italie.

J'appartiens à la gauche du parti maximaliste italien qui lutte constamment pour l'unité révolutionnaire, pour le front unique de classe. Pour vaincre, il est nécessaire d'opposer au front unique de la bourgeoisie le front unique du prolétariat.

En notre qualité d'ouvriers, nous pressentions les progrès vers le socialisme que réalisaient nos frères de l'U.R.S.S., puisque nous savions qu'un gouvernement d'ouvriers et paysans ne pouvait faire que cela. En venant ici, nous en avons eu la confirmation. Nous sommes certains que les travailleurs de l'U.R.S.S. sauront, malgré toutes les difficultés, édifier le socialisme, grâce à l'expérience révolutionnaire des dirigeants du pouvoir soviétique.

Les membres de la délégation italienne ont dû, pour venir en U.R.S.S., surmonter de grandes difficultés, même au risque de leur vie. Malgré cela, la délégation est venue et, ici, elle prend l'engagement de se rendre utile à la cause révolutionnaire et de défendre l'U.R.S.S.

Les journaux bourgeois font souvent des comparaisons entre le fascisme et le bolchevisme; mais ils oublient beaucoup de choses. Ils ne disent pas que, dans l'U.R.S.S. les salaires ont augmenté de 11 % et qu'en Italie ils ont diminué de 40 % ; que, pendant que les articles de consommation ont diminué ici de 13 %, en Italie ils ont augmenté de beaucoup plus de 13 % et qu'ils augmentent continuellement; que, pendant que, dans l'U.R.S.S., on a commencé à établir la journée de 7 heures, en Italie on travaille 10 heures et que l'on n'est payé que pour 8. Cela, pendant qu'il y avait du travail. Mais, maintenant, la crise est venue, un grand nombre d'usines ont cessé le travail et, dans les autres, on travaille à journée réduite.

Il y a actuellement, en Italie, un million de chômeurs. Ajoutons à cela l'absence des libertés les plus élémentaires qui fait de l'Italie une grande caserne.

Nous sommes heureux d'être ici pour étudier avec vous les moyens de défendre l'U.R.S.S. En ce qui nous concerne, nous vous assurons que le prolétariat italien a un profond désir de rébellion et un grand esprit révolutionnaire. S'il se trouve actuellement dans une telle situation, c'est par suite de la trahison de presque tous les chefs réformistes qui s'efforcent toujours de détourner le prolétariat de son but révolutionnaire final.

Nous retournerons chez nous malgré les fascistes, nous porterons à nos frères esclaves le salut et le témoignage de solidarité de nos frères libres pour que cela leur serve d'exemple et d'encouragement.

Le prolétarien italien est à un tournant douloureux de son histoire; mais soyez certains qu'il se prépare et qu'il travaille pour être bientôt à côté de nos frères de l'U.R.S.S.

Protestation contre le fascisme

Résolution adoptée le 11 *novembre à la séance du soir.*

Sur la proposition de la délégation polonaise, le congrès adopte la résolution suivante de protestation contre le fascisme:

« Le Congrès des Amis de l'U.R.S.S., auquel participent les représentants de toutes les nations du monde, exprime son ardente protestation contre les crimes du fascisme en Italie, en Pologne, en Lithuanie, en Espagne, en Bulgarie et dans les autres pays balkaniques. Le congrès envoie son salut fraternel aux ouvriers et aux paysans de ces pays et, avant tout, aux détenus politiques qui gémissent dans les prisons pour leur lutte courageuse contre le fascisme. »

Gumeda (Président du congrès national sud-africain). — Je suis chargé par mon organisation de saluer l'Assemblée des délégués qui se sont réunis pour célébrer le Xe anniversaire de la révolution d'Octobre.

Mais mes compatriotes ne m'ont pas seulement chargé de vous saluer. Ils demandent à tous les amis de l'humanité, aux ouvriers du monde entier de venir à leur secours. L'impérialisme nous a assujettis. Nous avons été dépourvus de tout. Notre travail est considéré comme n'ayant aucune valeur et ne peut subvenir à nos besoins. Nous n'avons pas un pouce de terre dans le pays que nous pouvons appeler celui de nos ancêtres. Les hommes, chez nous, qui travaillent à la campagne, y sont de 5 heures du matin à 7 heures du soir sans recevoir le moindre salaire. Quelques-uns reçoivent 10 shillings par mois, et ce n'est que dans les cas exceptionnels qu'ils reçoivent une livre. On nous impose des taxes extrêmement lourdes. Nous devons payer une livre sterling par adulte et nous devons verser aussi une livre pour le plaisir d'avoir un chien de garde. Il nous faut faire face à tout cela avec nos maigres salaires. Nous sommes si accablés d'impôts que nous ne savons comment nous diriger ni où aller. S'il y avait aujourd'hui un endroit où les indigènes sud-africains pussent se diriger, ils quitteraient leur propre pays et se rendraient là où ils pourraient trouver la liberté.

SAKLATVALA (Angleterre). — Les capitalistes affirment que dans les pays parlementaires règne la vraie démocratie. Je déclare que dans ces pays il n'y a pas de démocratie et que leurs parlements sont imprégnés d'un esprit d'hypocrisie. Je siège à l'abbaye de Westminster en tant que membre du Parlement et je promulgue des lois pour l'Inde, mais en tant qu'indigène de l'Inde, je suis esclave de ce Parlement. Mais, sur l'ordre du ministre autocratique et extravagant, Chamberlain, je ne puis entrer dans mon pays. La vraie démocratie n'existe que dans l'U.R.S.S. Pendant deux générations, nous avons développé des théories socialistes, nous avons fait semblant de croire que nous sommes libres alors qu'en réalité nous sommes des esclaves. Les Anglais sont aussi loin de la démocratie que les Zoulous. Dans l'U.R.S.S. on crée une nouvelle culture. Il ne suffit pas de s'enthousiasmer ici pour les progrès de l'U.R.S.S.; il faut aider, en fait et non seulement en paroles l'U.R.S.S. à accomplir jusqu'au bout sa grande œuvre créatrice. Chacun de nous, de retour dans son pays, doit aider l'U.R.S.S. et lutter pour la Révolution sociale dans le monde entier. Assez d'hypocrisie, assez d'esclavage!

Les derniers mots de Saklatvala se noient dans une ovation enthousiaste. Tous les délégués, debout, saluent l'orateur. La délégation anglaise entonne un chant populaire anglais.

NEJEDLY (Tchécoslovaquie). — Les travailleurs de l'U.R.S.S. ont fait de leur pays en quelques années un modèle pour le monde entier. Nous sommes convaincus que c'est une erreur d'affirmer qu'on ne peut édifier la société socialiste dans un seul pays. Les partis socialistes dans le monde entier ont attendu que ce soit un autre pays qui commence, mais les bolcheviks n'ont pas attendu: ils se sont mis eux-mêmes à l'œuvre et ont commencé à créer un monde nouveau. Ils ont anéanti chez eux le cadavre pourri du capitalisme et cela doit être pour nous un exemple. Nous savons maintenant quel est l'unique chemin de la victoire.

Permettez-moi, au nom de la délégation tchécoslovaque, de saluer le parti communiste de l'Union soviétique comme le seul et le vrai guide du prolétariat mondial. (*Applaudissements.*)

Moerk (Scandinavie). — Nous qui représentons au congrès les pays scandinaves, avons écouté avec le plus grand intérêt le rapport du camarade Rykov, qui nous a beaucoup appris concernant les progrès considérables réalisés dans le domaine économique et culturel par l'Union soviétique, on a fondé une nouvelle société, un nouvel Etat, un nouveau système entièrement différent de celui des Etats bourgeois. Nous avons constaté de nos propres yeux ces résultats à Léningrad et à Moscou, en visitant les fabriques et les usines. Nous avons vu comment l'outillage des fabriques a été amélioré et modernisé, comment la production s'est accrue. La journée de travail a été réduite et la situation économique et le bien-être du peuple russe se sont améliorés. Nous, représentants de la classe ouvrière des autres pays, nous sommes heureux et fiers de ces succès. Ils prouvent que la classe ouvrière peut véritablement fonder un nouvel Etat, d'après un nouveau système. Par ses principes et sa politique, l'Union soviétique a provoqué la haine des puissances impérialistes. C'est, en premier lieu, l'Angleterre qui s'efforce d'anéantir l'Union soviétique. L'Angleterre capitaliste voit dans la politique et les principes de l'Union un danger permanent pour sa propre politique impérialiste, pour sa politique dans les colonies. C'est pourquoi elle s'efforce par tous les moyens d'anéantir l'Union soviétique. Nous, ouvriers de la Scandinavie, nous sentons et nous pensons avec les ouvriers russes, et nous tendrons toutes nos forces pour conjurer le danger menaçant et repousser toute agression contre l'Union soviétique. Nous, en Norvège, en Suède et au Danemark, nous sommes en pleine zone de guerre entre la Russie et l'Angleterre et nous sommes particulièrement intéressés à parer aux dangers de guerre. Nous pouvons nous rallier de tout notre cœur aux tâches de ce congrès. Nous déclarerons que dans l'ensemble nous sommes d'accord avec les projets de résolutions. Personnellement, nous pouvons nous rallier à ces résolutions, mais nous ne pouvons pas engager nos organisations. Quand nous serons de retour chez nous, nous ferons notre possible pour faire adopter ces résolutions dans nos organisations.

Les ouvriers des pays scandinaves ont accueilli avec joie en 1917 la nouvelle de la révolution d'Octobre et, pendant les dix années qui se sont écoulées, ils ont, à différentes reprises, manifesté leur solidarité avec les ouvriers russes et avec la révolution d'Octobre. Les ouvriers de la Scandinavie considèrent l'Union soviétique comme le plus grand exemple pour la lutte des ouvriers dans tous les pays d'Europe. Ils considèrent l'Union soviétique pour le prolétariat comme un soleil qui s'est levé pour annoncer une vie nouvelle, pour répandre la lumière sur le prolétariat du monde entier.

ALI RIZA (Turquie). — *Donne lecture d'un ap-*

pel des ouvriers turcs au Congrès des amis de l'U.R.S.S., au sujet de la destruction des organisations ouvrières en Turquie.)

Nous, ouvriers turcs, nous nous adressons aux nombreuses délégations ouvrières du monde entier participant au Congrès des amis de l'U.R.S.S. pour protester contre les actes du gouvernement dit national-révolutionnaire de Turquie, contre les actes du gouvernement de Kémal qui a dissous l'unique centre syndical de Turquie, l' « Amélé Téali Djoumkhuriet ».

Le gouvernement de Kémal, qui s'était, en son temps, servi de l'aide du prolétariat turc pour lutter contre l'impérialisme étranger, s'engagea, immédiatement après avoir conquis l'indépendance politique de la Turquie, dans une politique d'oppression des masses ouvrières, de destruction des organisations syndicales de classe et de répression contre les leaders ouvriers.

Le gouvernement kémaliste recourt à toutes sortes de méthodes pour détruire le mouvement de classe des ouvriers. De préférence, il s'efforce à tromper les masses ouvrières.

Les kémalistes emploient des méthodes de tutelle policière sur le mouvement ouvrier, en créant des syndicats jaunes, afin de pouvoir dominer les masses ouvrières de Turquie. Cependant, ces méthodes de provocation n'obtiennent pas de grands résultats. Les ouvriers turcs ne tombent pas dans le piège des kémalistes.

En réponse à l'appel à la collaboration, au nom de l'intérêt national, les ouvriers turcs de Constantinople, de Smyrne, d'Adana et d'autres centres ouvriers répondent par des grèves. En réponse à l'offensive du capital, les ouvriers turcs répondent en exigeant l'amélioration de leur situation misérable.

L'organisation « Amélé Téali Djoumkhuriet », créée à Constantinople, a commencé à jouer le rôle de centre syndical pour toute la Turquie, ayant pour but de grouper toutes les forces de classe du prolétariat turc. L'influence de ce centre grandissait de jour en jour parmi les masses ouvrières turques. Par son existence, par son activité, elle menaçait de paralyser définitivement d'influence des agents kémalistes sur la classe ouvrière de Turquie. C'est pourquoi le gouvernement kémaliste décida d'étouffer par la force le mouvement de classe indépendant du prolétariat turc.

Il prononça la dissolution de cette organisation et emprisonna les leaders syndicaux. Et cela fut accompli après que les dirigeants du parti kémaliste eurent vanté au Parlement turc le régime « démocratique » du pays.

La dissolution de l'organisation « Amélé Téali Djoumkhuriet » est un « cadeau » fait par le gouvernement kémaliste à la classe ouvrière turque à l'occasion du IVe anniversaire de la proclamation de la République turque.

Le prolétariat turc, affaibli par les répressions, s'adresse, par l'intermédiaire des délégués ouvriers venus dans l'U.R.S.S., aux ouvriers du monde entier, en leur demandant de protester contre les mesures de répression du gouvernement kémaliste à l'égard de la classe ouvrière turque, contre la politique de répression à l'égard des organisations prolétariennes et contre l'emprisonnement des militants syndicaux. La classe ouvrière du monde entier doit élever sa protestation vigoureuse contre la terreur exercée par le régime kémaliste.

Au nom du groupe des ouvriers turcs: ALI RIZA, MEHMED ALI.

CHATTONADHYAYA (Indes). — Camarades, ici, dans cette salle, ce soir, j'éprouve un léger scrupule, je me demande si je suis bien qualifié pour représenter un pays aussi vaste que l'Inde. Toutefois, je crois que lorsqu'un individu cesse d'être un individu pour représenter une idée, il a le droit, comme dans mon cas particulier, de parler au nom d'une nation aussi grande que l'Inde. Je suis désigné, ce soir, pour représenter les intellectuels de l'Inde, mais je sens et je suis convaincu qu'il est impossible de représenter uniquement les intellectuels des Indes. Je représente aussi les millions d'êtres affamés des Indes. J'appartiens à la plus jeune génération hindoue. Je suis fier d'appartenir à cette génération. Elle est très différente de la vieille génération. Il y a entre ces deux générations une ligne de démarcation très nette, entre l'ancienne, la génération fossile, et la nouvelle, la génération vivante. Nous, les jeunes des Indes, nous savons ce qu'est la souffrance. Nous avons participé à de vastes mouvements. Nous connaissons la famine qui frappe des millions d'hommes dans l'Inde. Beaucoup d'entre nous sont morts de faim. Beaucoup d'entre nous sont allés dans les campagnes et savent ce que c'est qu'un peuple qui meurt de faim, des gens qui ne savent pas même ce que c'est que de recevoir un repas deux jours par semaine, qui n'ont pas d'habits pour se vêtir. Nous, la jeune génération des Indes, nous représentons ces millions d'Hindous affamés.

Camarades, en me présentant ici, je désire avant tout apporter à la Russie des Soviets le message que le peuple hindou vous adresse et qui part de son cœur. C'est parce que j'ai connu des centaines et des centaines d'étudiants aux Indes, des étudiants qui sont le monde intellectuel, que je sais que ce message brûle dans leur cœur et qu'il est une ferme détermination de leur part de reconstruire leur pays et de prendre part à la reconstruction du monde. Les jeunes vont et travaillent dans les masses. Nous, les jeunes, nous faisons tout ce qui est en notre pouvoir pour abolir le clergé. Nous savons qu'il n'a pas une grande place dans l'Inde, mais qu'il occupe tout de même une certaine place. Dans le profond de leur cœur, les Hindous savent bien que les prêtres sont les pires menteurs en religion et que la religion est le plus grand mensonge du monde. Nous savons que dans l'Inde la religion est bien ce qu'a dit notre grand ami, l' « opium du peuple ». Le peuple s'en rend compte également. Je sais aussi qu'aujourd'hui un certain nombre de prêtres se sont mis à ouvrir de petites boutiques parce qu'ils ne peuvent plus vivre de l'enseignement de la religion. J'espère que le temps viendra où nos églises seront transformées en écoles ou occupées par des services d'utilité publique, comme chez vous aujourd'hui vos églises sont transformées en hôpitaux. J'espère que le temps viendra où la religion disparaîtra pour faire place à une éducation sérieuse.

Camarades, c'est un fait significatif que moi, qui fais partie d'une nation opprimée, je sois ici, sur cette estrade, en train de vous adresser quelques paroles ce soir. C'est un fait très significatif que les nations opprimées prennent part aux délibérations de ce congrès.

La révolution d'Octobre a été une grande source d'inspiration pour le monde entier. Elle a fait son possible pour nous rapprocher d'un temps qui n'est pas éloigné, j'en suis convaincu, où nous nous libérerons des griffes des exploiteurs, où nous pourrons nous débarrasser de toute inégalité et où nous pourrons nous construire une existence meilleure.

Camarades, mon calendrier ne me parle guère d'un autre mois que du mois d'Octobre. Octobre semble être le seul mois dans mon calendrier et je souhaite qu'Octobre soit le seul mois dans le calendrier des peuples opprimés représentés ici.

Je vous remercie pour votre aide prêtée aux millions d'affamés et de l'occasion que vous nous avez donnée d'étudier votre grand mouvement. Nous emporterons avec nous le message que vous nous avez transmis pour chacun de nos pays. Je vous remercie également pour votre appui aux intellectuels des Indes, pour la possibilité que vous nous avez fournie de visiter vos institutions. Nous emporterons ce message et nous le proclamerons aussi loin qu'il sera possible.

CHAIRMAN. — Je vous avise que le Comité désigné pour l'examen de la résolution N° 2 se réunira à neuf heures du matin. Les membres de ce Comité sont convoqués pour neuf heures.

ŒDEGAARD (Norvège). — Dans l'Union soviétique, le sol n'est pas aux mains des capitalistes, mais dans les pays capitalistes, particulièrement en Norvège, les terres sont grevées de lourdes hypothèques. Dans l'Union soviétique, nous constatons que le socialisme véritable se développe rapidement. Nous voyons la coopération dans l'agriculture, nous trouvons à la campagne un véritable système de crédits, établi selon les différentes classes. En Russie soviétique, les organisations syndicales y représentent une partie du pouvoir d'Etat et défendent réellement les intérêts des ouvriers et de la société dans son ensemble. Dans les pays capitalistes, nous voyons les organisations syndicales combattues par les gouvernements. En Norvège, c'est surtout vrai des syndicats agricoles. Le pouvoir militaire et la police s'acharnent contre eux.

En Russie soviétique, nous voyons que l'assurance sociale existe pour tous les ouvriers et qu'elle s'étend même aux campagnes.

Une guerre contre l'Union soviétique mettrait en danger toutes ces conquêtes. C'est pourquoi nous autres, ouvriers agricoles, sommes résolus à faire tous nos efforts pour empêcher une guerre contre l'Union soviétique, qui défend non seulement les intérêts des ouvriers russes, mais aussi les intérêts des ouvriers des autres pays.

Quatrième séance

(12 novembre 1927, matin)

La séance du matin du congrès est ouverte sous la présidence du président de la délégation chinoise, Tchan.

Suite de la discussion sur le rapport Rykov

MAROUF (Algérie). — Camarades, c'est au nom des peuples opprimés par le gouvernement français que je viens ici déclarer, devant les délégués des autres puissances, que tout ce que nous avons vu dans les usines, dans les fabriques, nous a complètement satisfaits. Ce qui nous a donné la plus grande satisfaction, c'est de constater qu'il n'y avait aucune différence entre les travailleurs des différentes nationalités, qu'ils reçoivent les mêmes salaires, jouissent des mêmes droits et ont les mêmes devoirs.

Autre chose, camarades, qui nous a aussi surpris, nous, les coloniaux, c'est d'avoir vu qu'après la révolution d'Octobre, toutes les colonies, tous les peuples qui étaient soi-disant sous la protection de l'ancien régime tzariste, ont eu la liberté de disposer d'eux-mêmes, que ces peuples, aujourd'hui, se gouvernent eux-mêmes et s'ils se sont rattachés à la République des Soviets, c'est qu'ils l'ont cru bon.

Camarades, les délégués ouvriers des puissances européennes sont venus ici, à cette tribune, déclarer qu'ils feraient tout le nécessaire pour combattre les capitalistes s'ils déclaraient la guerre à la Russie. D'accord, camarades, mais il y a un point très important sur lequel je voudrais attirer votre attention, c'est que si demain les puissances capitalistes déclaraient la guerre à la Russie, ce n'est pas avec la majorité de leurs soldats qu'elles la combattraient. L'écrasante majorité des armées serait composée de coloniaux, encadrés des meilleurs soutiens du capitalisme. A ce moment-là, camarades, si vous développez, dès aujourd'hui, l'esprit révolutionnaire parmi les coloniaux, si vous gagnez leurs sympathies, si vous leur faites voir que vous êtes leurs frères, que vous les considérez comme vos égaux, comment demain pourraient-ils ne pas vous aider dans la tâche à laquelle vous travaillez aujourd'hui?

Je pense, camarades, qu'à votre retour dans vos pays, votre plus grand effort devra consister à émanciper les indigènes des colonies, à leur faire comprendre leur devoir de classe. Par ce seul moyen, camarades, nous pourrons abattre le capitalisme.

Camarades, je pense que les enquêtes que vous avez faites ici, que les déclarations que vous ont faites les ouvriers russes et les représentants du gouvernement ont pu vous convaincre qu'il y a nécessité de travailler et de s'allier aux coloniaux.

Sur ce, je termine en disant que nous avons les yeux portés vers la Russie des Soviets, que nous regardons la Russie des Soviets comme notre véritable défenseur et libérateur et que nous ferons tout notre devoir pour l'aider dans son travail de préparation de la Révolution mondiale. (*Vifs applaudissements.*)

Dr NIKOS KAZANTZAKIS (Grèce). — Au nom des amis de la Russie des Soviets, je viens faire ici la déclaration suivante :

Nous sommes persuadés qu'il est dans la nécessité des choses que la guerre capitaliste éclate.

La propagande pacifiste est superficielle et dangereuse. La vie est trop tragique pour obéir à la logique, à la bonne volonté des hommes.

L'espoir, de notre côté, d'organiser les masses des travailleurs est issu d'un optimisme qui peut devenir fatal. La bourgeoisie ne nous donnera jamais ni les moyens ni le temps d'organiser nos forces. Le moment est critique. Les bandes capitalistes menacent et encerclent de toutes parts notre mère la Russie. Quel est notre devoir?

Il faut envisager le problème en face. Il faut carrément propager parmi les masses ce mot d'ordre: « La guerre capitaliste est inévitable, parce qu'elle est dans l'intérêt du capitalisme. Préparons-nous à la guerre sociale! »

Cette conception du but n'est pas une simple nuance.

La conception qui prédomine est celle-ci: faisons comprendre aux masses des travailleurs que si elles s'organisent, la guerre pourra être évitée.

Nous disons, au contraire: faisons comprendre aux masses des travailleurs que la guerre capitaliste est inévitable.

La différence entre ces deux conceptions est profonde. Dans le premier cas, nous poussons les peuples vers un certain optimisme qui pourrait leur être encore une fois fatal; encore une fois, les peuples peuvent être pris au dépourvu et subir la guerre qu'ils croyaient possible d'éviter. Dans le second cas, les masses ne se bercent plus d'aucune illusion et leur but n'est plus négatif et chimérique: éviter la guerre, mais positif et réaliste, c'est-à-dire transformer la guerre qui vient en révolution sociale. (*Vifs applaudissements.*)

Siewert (Allemagne). — Camarades, la commission de la presse a étudié en détail la résolution proposée. Elle a étudié également toutes les propositions d'amendement et, dans la mesure où cela a été possible et nécessaire, elle a inclus ces amendements dans la résolution qui vous est présentée. La résolution a été adoptée à l'unanimité par la commission de la presse. Pour gagner du temps, nous ne lirons pas la résolution. Le fait que la commission de la presse l'a adoptée à l'unanimité nous fait penser que le congrès se ralliera à la proposition de la commission de la presse. Nous invitons les délégations à voter la résolution à l'unanimité.

Tchan-Tsung-Fa, Président. — Camarades, la résolution vous a été distribuée en différentes langues. Croyez-vous qu'il soit nécessaire de la relire?

La délégation allemande fait remarquer que l'on ne dispose que de deux minutes pour réfléchir à la résolution.

Maintenant, camarades, nous mettrons la résolution aux votes.

Qui est pour la résolution? Levez la main.

Qui est contre la résolution? Levez la main.

La résolution est adoptée à l'unanimité.

Il nous faut maintenant passer à la discussion de la seconde question, celle des dangers de guerre.

Le camarade Jaeger est annoncé comme premier orateur.

Discours de Jaeger (Angleterre)

Camarades, la délégation britannique, au nom de laquelle je parle, a pris elle-même l'initiative de suggérer la tenue de ce magnifique congrès international. Elle a également indiqué le sujet qu'elle jugeait être le plus important à discuter, dans un congrès, comme celui-ci. Elle a décidé de soumettre une résolution concernant les dangers de guerre. Les membres de la délégation britannique ont eu conscience, en élaborant cette résolution, qu'ils devaient faire en sorte qu'elle puisse être acceptée, non seulement par les membres des partis communistes, ici présents, mais aussi par les membres des organisations pacifistes qui sont ici, par les membres des autres organisations, par les social-démocrates. En présentant cette résolution, les diverses organisations pourront honnêtement et de bon cœur déclarer unanimement: « Il ne doit pas y avoir déclaration de guerre contre la Russie. » En aucun cas, la délégation britannique n'a pensé que, dans la résolution qu'elle présentait, elle avait exagéré les décisions qui peuvent être prises en corrélation avec cette question très sérieuse et très importante. Les membres de la délégation britannique ont invité des membres d'autres délégations, qui leur ont suggéré des points que la commission a décidé d'incorporer dans le projet de la délégation britannique, de sorte que nous aurons ainsi une déclaration unanime contre la guerre, qui reflètera toutes les nuances d'opinion de ce congrès.

Bien des gens ont pensé que ce cri de guerre contre la Russie était un cri de « Au loup » alors qu'il n'y avait point de loup. Je voudrais faire remarquer qu'il est préférable de crier « Au loup » quand il n'y a pas de loup, que de « fermer la porte de l'écurie quand le cheval est déjà volé ». Personnellement, je dois avouer que l'on a constató à maintes reprises un réel danger de guerre contre la Russie, avant même que j'en aie eu la moindre idée, et c'est seulement lorsque j'ai commencé à examiner la réalité que j'ai constaté peu à peu, avec nos camarades russes, que le danger de guerre grandit, que le danger de guerre est réel et qu'il peut, même, être immédiat.

Examinons les faits sur lesquels je m'appuie pour affirmer que le danger de guerre est réel. En 1913, alors que l'Europe entière était un immense camp retranché, lorsque chaque nation d'Europe se préparait ouvertement à la guerre, les six grandes nations: les Etats-Unis, la Grande-Bretagne, le Japon, l'Allemagne, la France et l'Italie avaient toutes ensemble un budget militaire annuel de 1.400 millions de dollars. C'était le budget de l'année 1913. Depuis lors, nous avons eu la « guerre qui devait mettre fin à la guerre » et « la guerre qui devait assurer au monde la démocratie » et les expéditions militaires de ces six puissances. En 1926, ce chiffre est monté à 2.140 millions de dollars. Lorsque nous nous attendions à la guerre, lorsque nous savions qu'elle allait éclater, nous dépensions 1.400 millions. Maintenant que nous avons eu une « guerre qui doit mettre fin à toutes les guerres », nous dépensons 2.400 millions de dollars, soit 70 % de plus q'uen 1913.

Cette augmentation des dépenses militaires se répartit entre ces six grandes puissances. Rappelons que cinq d'entre elles ont décidé, en 1918, que l'Allemagne au moins ne devait plus faire la guerre. Les dépenses militaires de l'Allemagne pour 1913 se chiffraient à 346 millions de dollars; en 1926, les dépenses militaires de l'Allemagne sont tombées à 163 millions de dollars. Si vous voulez établir cette comparaison en faisant abstraction de l'Allemagne les dépenses en 1926 sont déjà 100 % plus élevées qu'en 1913.

Est-ce là ce qui s'appelle la paix?

Examinons un autre aspect de la question. Voyons les effectifs, sous les armes, des trois plus grandes puissances en 1913: l'Angleterre, la France et les Etats-Unis. En 1913, les armées régulières de ces trois nations représentaient un effectif total de 1.413.000 hommes. En 1926, ces effectifs se sont élevés à 1.821.000 hommes. Bien plus, si vous considérez les Etats-Unis, la Grande-Bretagne, le Japon, la France et l'Italie, il n'y a pas moins de 20 millions d'hommes dans les réserves, soit celles prévues par la Constitution, soit les réserves fascistes.

Je vous le demande encore une fois. Est-ce là ce qui s'appelle la paix?

Passons à la marine. L'augmentation du tonnage de la marine anglaise de 1913 à 1926 est de 32 %; augmentation de tonnage de 32 % pour la nation qui se vante, depuis des générations, d'être la maîtresse absolue des mers. Les Etats-Unis enrichis par suite de la dernière guerre ont développé leurs forces navales jusqu'à 210 % de ce qu'elles étaient en 1913. Le Japon a doublé sa puissance navale depuis 1913. Il s'agit des croiseurs seulement qui coûtent chacun 7 millions de livres sterling. Pour les Etats-Unis, les destroyers ont augmenté de 182 %; pour la Grande Bretagne, de 177 %; pour le Japon, de 360 %. De même, le nombre des sous-marins augmente sans cesse. Les Etats-Unis ont augmenté de 62 % leur flotte de sous-marins; la Grande-Bretagne de 62 % également et le Japon de 302 %. Puis-je affirmer que nous nous orientons vers la paix?

Passons aux forces aériennes. En 1913 elles

étaient plus ou moins à leurs débuts. Laissez-moi vous dire quel a été leur développement dans ces pays de 1913 à 1926. Leur augmentation n'est pas moins de 2.000 % (20 fois plus qu'en 1913). Pour les Balkans seulement, pour les pays qui sont les plus proches de la Russie et, par conséquent, les plus immédiatement dangereux pour elle en cas de guerre, il y a quatre fois plus d'avions qu'il n'y en avait dans le monde entier en 1913. Est-ce là la paix? Mais ce qui est encore plus grave, c'est la préparation de la guerre chimique.

Rappelez-vous comment la convention de Wasington a exposé à vos yeux les horreurs qui se sont déroulées de 1914 à 1919, grâce à cette arme diabolique et abominable de la guerre. L'Amérique, de concert avec la Ligue des Nations, déclara que l'usage des produits chimiques et des gaz empoisonnés devait être prohibé dans la guerre. Que s'est-il passé? Aucune nation n'a ratifié l'article de la Convention de Washington spécifiant que l'usage des gaz empoisonnés était interdit dans une prochaine guerre. Or, le Sénat américain décida finalement qu'il ne ratifierait pas la trouvaille de la Convention de Washington et de la Ligue des Nations. Est-ce là, je vous le demande encore, une garantie de paix?

Et maintenant, voyons ce qui nous pousse à dire que ces énormes préparatifs de guerre sont bien plus dirigés contre la Russie que contre toute autre nation. Vous ne devez jamais oublier que le glorieux Octobre, que vous célébrez cette semaine, a libéré de l'exploitation capitaliste et de la possibilité de l'exploitation capitaliste un sixième de la surface du globe. N'est-ce pas là un fait qui compte pour les capitalistes ? N'est-ce pas important pour les grands chefs du capital trustifié, tels que Sir Alfred Mond qui lance sa devise : « Foi, espérance et 50 % ». J'affirme que cela signifie que vous avez libéré un sixième des ouvriers du monde de la possibilité d'être exploités. Vous devez vous rappeler que ces ouvriers voient chaque jour leur situation s'aggraver, par les difficultés pour la production de se trouver des débouchés dans le monde. Ils constatent une situation toujours plus aiguë sur le marché mondial et des rivalités entre Etats. Dans la période des cartels et des trusts internationaux, les nations qui s'industrialisent et se montrent de plus en plus en état de subvenir à leurs besoins, deviennent des rivales dangereuses voulant s'imposer comme les fournisseurs des autres parties du monde. J'affirme qu'il est possible que ces rivalités entre Etats deviennent elles-mêmes une cause de guerre entre les nations capitalistes. Si nous examinons le développement des exportations d'Amérique, déjà égales et même dépassant celles de la Grande-Bretagne, premier pays exportateur du monde jusqu'en 1914, nous remarquons que la rivalité entre l'Amérique et la Grande-Bretagne est très aiguë. Il peut sembler incroyable que des pays de langue anglaise se divisent en deux camps armés opposés ; mais le fait subsiste. La rupture de Genève marque un état de tension aiguë entre l'Amérique et la Grande-Bretagne.

Passons à l'Europe. Les antagonismes y sont énormes et compliqués. Entre la France et l'Italie, querelles de frontières pour la Méditerranée et pour le Proche-Orient. Entre l'Angleterre et la France, querelles pour le Proche-Orient et pour la Méditerranée, que la Grande-Bretagne réclame pour elle à cause de ses concessions en Orient. De même, entre la Pologne et l'Allemagne, conflit de frontières ; conflit de frontières encore entre l'Italie et la Yougoslavie au sujet de l'Albanie. Il y a encore les Balkans qui luttent pour eux-mêmes et, si mes amis irlandais me le permettent, les querelles du « *Killarney-Cat* » à propos de tout et de rien, et les grandes puissances, prenant partie soit pour l'un, soit pour l'autre, font que la possibilité d'une guerre est chaque jour plus menaçante.

D'autre part, il y a de l'autre côté du Continent les conflits entre l'Amérique et le Japon pour la domination du Pacifique. Vous avez, à ce sujet, particulièrement en Grande-Bretagne, la plus grande des nations impérialistes, l'idée que les colonies cherchent à assurer leur indépendance et qu'elles font la révolution. Vous pouvez bien voir pourquoi les Chamberlain, les Baldwin et les Joynson Hicks de Grande-Bretagne se concertent pour constituer une force prête à attaquer la Rusdes Soviets.

La question de la Chine est liée à tout cela. C'est de Chine que peut sortir le dernier coup qui précipitera dans la guerre tout le monde civilisé. Les impérialistes et capitalistes de toutes les nations savent que la Russie sympathise avec tous les efforts de libération où ils se produisent. En voyant combien la Russie se renforce sans cesse, comment la Chine lutte et comment la Russie lui vient en aide pour en faire un Etat semblable à elle-même, vous pouvez comprendre pourquoi les impérialistes interviennent en Chine et pourquoi c'est la nécessité de la défense des intérêts impérialistes en Chine qui a dicté les notes provocatrices qui finalement ont causé la rupture entre la Grande-Bretagne et la Russie. Qui pourrait prétendre que l'arrestation des courriers russes, les outrages faits à la mission soviétique à Pékin et Shanghaï n'ont pas été directement ou indirectement l'œuvre du gouvernement impérialiste de Grande-Bretagne ? Qui pourrait nier que ces faits n'étaient pas délibérément concertés et calculés dans l'intention de provoquer la Russie pour qu'elle se fasse l'agresseur dans une guerre que les impérialistes et capitalistes espèrent chaque jour? Je pense que nous tous ici, nous devons maintenant adresser à nos camarades russes nos félicitations les plus chaleureuses pour leur action et leur attitude pacifiques à travers toutes les provocations qu'ils ont subies. Je serais le dernier à encourager la Russie à une attitude lâche et poltronne en face d'injures insupportables, mais je pense qu'il eut été déplorable que nos camarades russes se fussent laissé provoquer par l'Angleterre à jouer le rôle d'agresseurs dans la prochaine guerre. Je suis enchanté que la prudence orientale, moderne, se soit montrée supérieure à la diplomatie d'Occident.

Il faut que j'examine, si vous le voulez bien, ce fait d'un point de vue égoïste. Ignorant un instant ce qui se passerait dans la classe ouvrière de Grande-Bretagne, d'Amérique, d'Allemagne, de France, d'Italie, si la Révolution chinoise était écrasée, si, de ce fait, les puissances impérialistes combinaient contre la Russie des Soviets une attaque en masse qui lui serait funeste. Cela signifierait que, pour des générations entières, les chaînes du capitalisme se resserreraient toujours davantage sur les ouvriers du monde entier. Je dis aux ouvriers du monde, réunis ici, aujourd'hui, que dans nos propres intérêts égoïstes, c'est là une question vitale que nous devons envisager. De retour dans nos pays, nous devons entraîner nos compagnons de travail à manifester dans leur propre intérêt égoïste, leur volonté d'empêcher une guerre possible contre la Russie ou la continuation de l'intervention dans les affaires chinoises.

Je n'affirme pas que les impérialistes savent exactement en ce moment pour quelle raison ils agissent, mais je pense, en face des faits évidents que je vous ai exposés, que vous devez avouer qu'ils sont en train de préparer les moyens de faire du mal. Comme l'a dit Shakespeare : « Souvent à la vue des moyens destinés à faire du mal, il semble que le mal est déjà fait ».

Les prétextes qu'ils donnent et la façon dont ils les présentent détermineront, comme l'a dit notre camarade Tomsky, la réalisation plus ou moins immédiate de la guerre. L'impérialisme capitaliste cherche la voie qui lui permettra d'entreprendre ses opérations.

Pour conclure, je vous dirai : pacifistes, camarades de l'aile gauche, de l'aile droite, communistes, intellectuels, ouvriers manuels, d'où que vous soyez, prenons ce matin un engagement et une résolution solennelle, qu'aucune pensée, qu'aucun acte, qu'aucun geste ne soit fait par aucun travailleur pour l'armement et la préparation de la guerre, pour le transport des soldats sur le théâtre de la guerre ou pour tout autre travail qui permettrait de faire la guerre contre une nation combattant pour la paix. Après tout, nos maîtres impérialistes ne sont pas sûrs du temps pendant lequel ils seront encore nos maîtres. Faites un effort suprême et, dans l'espoir de rester encore nos maîtres, ils renonceront à leurs projets d'attaque contre l'Union soviétique. Lorsque vous aurez accompli cela, vous pourrez vous adresser à eux et leur dire : Ne touchez pas aux ouvriers d'Angleterre, ni aux ouvriers d'Amérique, ni aux ouvriers de France, ni aux ouvriers du monde entier !

Rapport de Henri Barbusse

Dans la première partie de son rapport, le camarade Barbusse rapporte de nombreuses données sur l'édification socialiste dans l'U.R.S.S. et souligne que, dans la phase actuelle de son développement, l'U.R.S.S. a déjà dépassé la Russie d'avant-guerre. Cela signifie la victoire pour le système socialiste. Laissé à son propre sort, entouré de la haine et de l'hostilité du reste du monde, ayant reçu en héritage des ruines seulement, le prolétariat de l'U.R.S.S. a entrepris le travail d'édification socialiste.

Mais, l'U.R.S.S. est menacée d'une guerre impérialiste. Ils sont encore nombreux ceux qui ne croient pas en la possibilité de la guerre dans un avenir rapproché. Cela se fait instinctivement : les gens ne veulent pas la guerre. Mais cela n'est pas une preuve. L'idéologie pacifiste masque la réalité effroyable. La religion de la paix est un opium aussi nuisible que n'importe quelle autre religion. Les gens sont aveuglés par des raisonnements sur la justice, ils se laissent bercer par le refrain habituel en écoutant les « chanteurs » de Genève et de Locarno. Cependant, en réalité, l'impérialisme mondial, qui dispose de forces énormes, veut la guerre et se prépare à la faire.

L'U.R.S.S. gêne, énerve et commence même à paralyser le jeu impérialiste. Le fait même de son existence constitue une atteinte à l'impérialisme britannique et à tous ceux qui sont prêts à agir de concert avec ce dernier. Il n'y a pas, dans cette circonstance, d'intervention de la part de l'U.R.S.S. dans la vie politique des autres pays. Le gouvernement soviétique dément toutes les accusations portées dans ce sens. L'U.R.S.S. n'intrigue pas, elle rayonne.

Il suffit de jeter un coup d'œil sur la situation dans l'Europe occidentale pour se rendre compte que le danger de guerre, que certains veulent écarter en s'efforçant de ne pas le voir, menace de partout. La situation est tout aussi grave qu'en 1914, lorsque plusieurs déclaraient : « Il n'y aura plus jamais de guerres ».

Toutes les affirmations selon lesquelles il n'y aura plus de guerres ne sont que bavardage.

Il est vrai que la guerre ne sévit pas actuellement sur un front de 6.000 kilomètres, qu'elle ne lance pas, dans la mêlée, 50 millions de soldats. Mais cela ne signifie nullement que la guerre est finie. Elle se poursuit et elle éclate de nouveau en Afrique et en Asie : elle sévit au Maroc, en Syrie et surtout en Chine.

En citant des données sur la politique agressive de l'Angleterre envers l'U.R.S.S., le rapporteur souligne qu'en face de la rage des impérialistes, se renforce le mouvement révolutionnaire qui s'organise sur une échelle mondiale.

C'est ce qui explique que les puissances impérialistes nourrisent l'idée d'un conflit armé qui renforcerait, ne fût-ce que temporairement, leur domination ébranlée et arrêterait momentanément le mouvement révolutionnaire.

Les événements de ces derniers temps montrent qu'il suffit d'un incident quelconque pour que la guerre surgisse. Et un tel incident, on cherche à le provoquer, on le fabrique soigneusement.

Pour terminer, le camarade Barbusse déclare :

Nous, qui considérons comme un devoir d'utiliser à des fins de solidarité sociale et humaine les observations que nous avons recueillies sur l'œuvre soviétique, nous voyons la forme précise que doit prendre ce devoir : défendre l'Etat socialiste contre ses détracteurs et contre ceux qui veulent le détruire. Ce sont deux formes inséparables de la même mission. Car lorsque la multitude internationale du travail saura exactement ce qui est ici en jeu, elle pourra agir en conséquence, elle qui, dans sa force et sa conscience grandissantes, est l'arbitre suprême de l'avenir.

Le congrès décidera quelles mesures sont à prendre. Je suis certain qu'il ne s'arrêtera pas à des proclamations, à des initiatives de rhétorique, et qu'il saura, lui aussi, organiser et réaliser.

Discours de Tomski

L'apparition du camarade Tomsky provoque des acclamations unanimes de tout le congrès. Pendant plusieurs minutes, les membres du congrès, debout, applaudissent Tomsky. Son discours est écouté avec une attention particulière.

Le camarade Tomsky rappelle le mandat que le camarade Lénine avait, en son temps, donné à la délégation soviétique à la conférence de La Haye. Ce mandat se résumait en ceci : la question de la lutte contre la guerre n'est ni simple, ni claire, ni facile. En effet, tout le monde comprend-il tout le danger de la guerre ? Comprend-on que la guerre est inévitable ?

Un tel danger n'est nullement exclu. Tous les antagonismes qui existaient au début de la guerre impérialiste, en 1914, subsistent aujourd'hui. Tout comme auparavant, la lutte se poursuit entre les impérialistes pour la nouvelle répartition du monde. Le danger de guerre s'accroît encore du fait du processus de la rationalisation capitaliste de l'industrie qui jette sur le pavé des masses énormes d'ouvriers, et, d'autre part, par le développement de l'industrie des colonies, par la lutte pour de nouveaux marchés. Les guerres qui éclatent par ci, par là (au Maroc, en Chine, etc.), constituent une manifestation frappante des contradictions du monde capitaliste. De nouvelles coalitions d'Etats capitalistes commencent à se créer. La guerre future sera dix fois plus destructrice que ne l'a été la dernière guerre impérialiste.

C'est l'impérialisme qui est la source de nouvelles guerres. La lutte contre la guerre est impossible sans la lutte contre l'impérialisme.

Si la guerre impérialiste est en général inévitable, d'autant plus inévitable est la guerre des impérialistes contre l'unique Etat prolétarien, contre l'U.R.S.S. Le principal ennemi, c'est l'Angleterre. Les causes fondamentales de l'hostilité de l'Angleterre contre l'U.R.S.S. ont leurs racines dans l'existence même de l'Etat soviétique, car les succès de ce dernier constituent la meilleure agitation en faveur du socialisme, de la libération des pays coloniaux et semi-coloniaux asservis depuis des siècles. Plus populaire devient l'U.R.S.S. parmi les ouvriers du monde entier, plus l'Etat soviétique se renforce et plus l'Angleterre combat l'U.R.S.S. en mobilisant à cet effet toutes les forces impérialistes. Les événements qui se sont dernièrement déroulés en Chine montrent d'une façon frappante les contradictions d'intérêt existant entre les Etats capitalistes et l'U.R.S.S. La République des Soviets croit de son devoir de soutenir par tous les moyens la lutte pour l'unification et pour la libération de la Chine. En ce qui concerne les impérialistes anglais, ils sont intéressés au plus haut point à maintenir l'ordre féodal en Chine et le fractionnement de ce pays.

Afin d'avoir les mains libres et de pouvoir organiser de nouvelles attaques, les impérialistes anglais ont besoin d'avoir dans leur propre pays une classe ouvrière réduite à l'impuissance, incapable de protester et de lutter. L'impérialisme anglais ne peut pas oublier l'appui accordé par les ouvriers de l'Union soviétique aux mineurs anglais en grève. Dans l'U.R.S.S. trouvent un refuge tous ceux qui combattent pour la libération des travailleurs ; l'Angleterre est un lieu de séjour tranquille des réactionnaires féroces et des gardes-blancs.

Les impérialistes anglais tentent de nous entraîner dans une guerre en s'attaquant au prestige de l'Etat soviétique. Mais, notre Etat a d'autres idées sur le prestige. Le pays des Soviets est le 25 octobre 1917, et le 26 octobre, il lança le mot d'ordre de la paix. Les dix années de l'existence du seul pays réellement pacifique du monde ont montré que l'U.R.S.S. met au-dessus de tout le travail pacifique de ses peuples.

Il faut lutter contre la guerre, non seulement par des résolutions et par des phrases dans le genre de celle-ci : « Nous sommes contre la guerre », « Nous n'admettrons pas que la guerre soit déclanchée », etc. Il faut envisager des mesures concrètes de lutte. Les social-démocrates déclarent eux aussi leur amour de la paix, ce qui n'a pas empêché Mac Donald, lorsqu'il était à la tête du gouvernement, dit ouvrier, d'envoyer des croiseurs aux Indes. Il est évident que, dès que la guerre aura commencé, les social-démocrates reprendront leur position de 1914 et la bourgeoisie étouffera, par les vieilles méthodes (censure militaire sévère, interruption de communications entre les peuples, etc.), la voix des masses.

Tout le monde doit se faire à l'idée que la lutte contre la guerre exige une lutte préliminaire immédiate contre l'opportunisme et l'impérialisme. Celui qui ne lutte pas contre l'opportunisme et l'impérialisme renonce de ce fait à la lutte contre la guerre.

Notre lutte contre la guerre doit se faire dans deux directions : en expliquant continuellement aux ouvriers la nécessité de la lutte contre l'impérialisme et en créant l'union fraternelle des ouvriers de tous les pays. En nous rendant à la conférence de la Société des Nations pour y discuter les questions du désarmement, nous ne doutons nullement que la Société des Nations est absolument incapable de résoudre les questions de la paix réelle. On ne saurait effrayer l'impérialisme en rédigeant des résolutions. Cependant, nous manifesterons devant le monde entier notre désir de réduire dans la plus grande mesure les armements. La lutte pour l'unité du mouvement syndical est une méthode des plus sûres de lutte contre l'impérialisme et contre la guerre. La guerre future viendra à l'improviste. Il sera bien plus difficile de lutter contre la guerre lorsqu'elle aura déjà éclaté, qu'actuellement lorsqu'elle ne fait que nous menacer. C'est pourquoi notre tâche est de nous préparer chaque jour à transformer la guerre impérialiste à venir en une guerre civile, en une guerre contre la bourgeoisie nationale. Notre tâche est de faire inlassablement de l'agitation contre les idées nationalistes et chauvines, pour la solidarité prolétarienne, contre les tentatives de la bourgeoisie, d'inclure le prolétariat dans son cadre national. Ce qui est nécessaire, c'est la lutte de classe conséquente contre l'impérialisme. C'est par ce moyen seulement que nous éviterons les guerres impérialistes. (*Tempête d'applaudissements*).

Séance de clôture

(12 novembre 1927)

Suite de la discussion sur les menaces de guerre

Président : SIEWERT (Allemagne)

La séance de clôture du congrès s'est déroulée dans l'esprit de la discussion et de la résolution sur la question des menaces de guerre impérialiste.

Un représentant de l'Allemagne, membre du parti social-démocrate, critiqua l'attitude de ses chefs dans la question des menaces de guerre. Puis, intervinrent plusieurs orateurs des pays dans lesquels l'impérialisme satisfait ses aspirations coloniales : délégués du Mexique, des pays balkaniques, d'Irlande, etc... Mc. Wade, de l'Union des transports et des ouvriers non qualifiés d'Irlande, donna l'assurance qu'en cas de guerre contre l'Union soviétique, les ouvriers irlandais ne se mettraient pas aux côtés de l'Angleterre, mais aux côtés de l'U.R.S.S. Une représentante du Front rouge des femmes, la camarade Paas, souligna le rôle énorme du travail d'édification du socialisme dans l'U.R.S.S. pour la libération de la femme. Elle donna ensuite lecture d'une déclaration des déléguées femmes pour la défense de l'Union soviétique et la lutte contre le capitalisme.

Des applaudissements frénétiques accueillent les camarades Vorochilov, Boubnov, Boudénny,

S. S. Kaménev, Mouklévitch et Baranov, membres du Conseil militaire révolutionnaire, qui montent à la tribune pour remettre aux meilleurs combattants de la révolution internationale la plus haute marque d'estime de l'Armée Rouge, l'Ordre du Drapeau Rouge. Cet ordre fut remis : 1° à Clara Zetkin ; 2° à André Marty qui, en 1919, entraîna la flotte française de la mer Noire à se dresser contre le militarisme français et pour la défense du pouvoir des Soviets ; 3° au camarade Max Hoelz ; 4° au camarade Sadoul qui, en qualité de capitaine français, est intervenu courageusement pour le pouvoir soviétique et fut, pour cette raison, condamné à la peine de mort ; 5° à Bela Kun, qui organisa les troupes internationales pour la défense du pouvoir des Soviets ; 6° au camarade chinois Tchangaïtau, le courageux combattant de la Révolution chinoise, et 7° au cheminot polonais et ancien député au Seïm, Lanzucki, actuellement détenu dans les prisons de Pilsudski.

Une ouvrière chinoise du textile remit, après avoir prononcé un discours enthousiaste, une bannière rouge aux syndicats russes, que Tomsky reçut. Au nom d'une délégation paysanne, une paysanne russe parla de l'importance du congrès et salua les représentants du prolétariat mondial. Les ouvriers d'Ivanovo-Voznessensk remirent deux drapeaux, l'un à la délégation française, l'autre à la délégation anglaise.

Prirent ensuite la parole : le représentant du Thibet, Dadjiev, qui apporta le salut de plusieurs millions de bouddhistes d'Orient, puis Ruffino-Rosas (Chili), et au nom des anarchistes français, Colomer. L'ancien premier ministre d'Albanie (Fan Noli) parla de l'impérialisme aux

Balkans et de la guerre d'émancipation de son peuple. Les discours du social-démocrate exclu Duprès et du représentant finlandais Leechtinen ont clos les débats.

*La résolution sur la question des menaces de guerre fut acclamée et adoptée à l'unanimité, sans aucune abstention. Par une courte allocution, le président, le mineur anglais Lawther, clôtura le congrès à minuit et demi. Le congrès se termina par le chant de l'*Internationale, *au milieu des acclamations dans toutes les langues du monde.*

HERMANN (Autriche). — Nous avons volontiers accepté l'invitation des camarades russes de prendre part à ce congrès, car nous y voyons la seule possibilité de pouvoir contribuer à empêcher une agression impérialiste contre l'Union soviétique. La tâche de la classe ouvrière internationale est d'empêcher cette agression contre le seul Etat ouvrier du monde, contre l'Union soviétique. La plus grande tâche de la classe ouvrière sera aussi de surveiller ses chefs pour qu'il n'arrive pas ce qui s'est passé en 1914 où les prétendus chefs ouvriers ont honteusement trahi la classe ouvrière. L'une des principales tâches de la classe ouvrière autrichienne doit être d'empêcher la fabrication des munitions et le transport du matériel de guerre, afin que les pays impérialistes n'aient pas la possibilité de faire la guerre à la Russie des Soviets. Nous nous souviendrons des paroles de Karl Liebknecht : « Frères, tournez vos armes non pas contre vos frères de l'étranger, mais contre l'ennemi intérieur, le seul ennemi : le capitalisme! »

A bas la guerre impérialiste !

Vive l'édification pacifique de l'Union soviétique !

Caraterr (Espagne). — Je salue le Congrès des Amis de l'U.R.S.S. au nom des prolétaires opprimés d'Espagne qui gémissent sous le joug de Primo de Rivera. La sympathie de tous les ouvriers espagnols est du côté de l'Union soviétique et leurs cœurs battent à l'unisson avec l'Union soviétique.

La République des Soviets inspire un sentiment d'admiration au peuple espagnol et nous devons proclamer solennellement que la République des Soviets a obtenu d'énormes succès et qu'elle est incontestablement le germe de la société future. Cette déclaration doit servir de base à tous les délégués amis de l'U.R.S.S. qui, de retour dans leurs pays, doivent faire connaître à tous les résultats obtenus dans le travail d'édification de l'Union soviétique et combattre toutes les tentatives des impérialistes tendant à l'organisation d'une intervention militaire contre l'U.R.S.S. Nous devons contribuer au triomphe de la République soviétique et au triomphe de l'idée soviétique.

La délégation espagnole propose de créer une Association mondiale des Amis de l'U.R.S.S. dont l'objectif sera de défendre l'Union soviétique contre les impérialistes. Le Congrès doit créer le front unique de tous les communistes, ainsi que de tous les sympathisants avec l'U.R.S.S. et poser la base d'une telle association.

Diego de Rivera (Mexique). — Presque tout a été dit sur les buts de ce congrès qui nous réunit, sur les possibilités d'une guerre impérialiste, mais on n'a encore rien dit sur les bases de ravitaillement de l'ennemi.

Pendant la guerre mondiale, c'est le pétrole du Mexique qui a permis de faire marcher la flotte anglaise. Ce sont les métaux, le cuivre et les autres matériaux de guerre que notre terre a fournis, qui ont servi dans une grande mesure dans la conflagration universelle. Donc, l'Amérique latine a une très grande importance dans la question des possibilités de guerre.

Il y a encore une autre question plus importante, c'est que le prolétariat des campagnes de l'Amérique latine, et notamment celui du Mexique, a toujours tenu tête à l'impérialisme. Chez nous, la révolution ne se fait pas seulement par le prolétariat des villes, mais aussi par les paysans qui sont des paysans révolutionnaires par excellence. Il y a dix-sept ans qu'ils luttent pour la révolution.

Dans la guerre impérialiste, c'est à nous de savoir dans quelle mesure on peut intervenir pour saboter le ravitaillement.

Il faut que nous sachions que l'Amérique du Nord a des ramifications assez importantes au Mexique et qu'elle dirige la lutte pour empêcher le prolétariat de prendre le pouvoir et d'établir un régime à lui. Il faut que nous sachions que le Mexique est une forteresse très importante dans la guerre, dans une lutte impérialiste contre-révolutionnaire.

Et je profite de cette occasion pour dire à tous nos camarades ceci : celui qui est révolutionnaire, celui qui aime le développement de l'humanité, ne doit pas oublier ces petits coins de terre où 10 millions d'ouvriers et de paysans, depuis 17 ans, combattent pour la révolution et qui constitueraient, en cas de guerre impérialiste, une forteresse au plus haut point importante.

GONSALVEZ (Portugal). — Je salue le congrès au nom des ouvriers portugais. Nous soumettons à l'examen du congrès la proposition d'organiser des groupes des Amis de l'U.R.S.S. pour que toutes ces organisations, qui doivent être autonomes, puissent avoir leur Bureau central qui ne soit pas lié avec une autre organisation, à Moscou.

Vlakhoff (Balkans). — Dans tous les pays balkaniques règne la terreur. Le droit des petits peuples à disposer d'eux-mêmes n'est qu'une fiction. Les différents Etats balkaniques sont au service de telle ou telle grande puissance impérialiste. La lutte contre l'impérialisme doit être menée sur un seul front. Tous les peuples balkaniques doivent s'efforcer de pratiquer la seule politique nationale juste, celle qui est appliquée dans l'U.R.S.S. et qui assure le développement culturel et économique des petites nationalités.

Le moyen pour y arriver est la Fédération balkanique. Tous les peuples des Balkans doivent organiser le front unique pour créer une telle Fédération.

G. Paas (Allemagne). — Les femmes déléguées se sont rendu compte de leurs propres yeux que l'U.R.S.S. est le seul pays où la femme est libre, non seulement par la constitution, mais aussi en réalité et où elle participe avec les mêmes droits que l'homme à l'édification de la vie nouvelle.

De retour chez nous, nous devons raconter la vérité sur ce que nous avons vu. Mais nous ne devons pas nous borner à la seule propagande. Nous devons aussi être armés pour la guerre. La paix des ouvriers et des paysans soviétiques est notre paix.

La camarade Paas lit un appel adopté dans l'U.R.S.S. pour célébrer le Xe anniversaire.

Mac Wade (Irlande). — Les membres de la délégation syndicale irlandaise désirent que le congrès prenne acte de la déclaration suivante sur notre attitude dans la question en discussion :

La force motrice des préparatifs actuels de guerre contre l'Union soviétique est l'Empire britannique. Etant donné que nous sommes une race opprimée de cet Empire, il est certain qu'en cas de guerre, les forces militaires de notre pays seront envoyées contre la Russie des Soviets. Nous sommes donc profondément intéressés à cette question.

Nous n'attachons aucune valeur aux belles paroles, aux belles résolutions et aux beaux discours. La valeur de ce congrès est dans le fait qu'il a offert une occasion de connaître exactement l'attitude de chaque délégué. Est-il du côté de l'Union soviétique et de la classe ouvrière internationale contre les puissances capitalistes, ou bien du côté de ces dernières contre les ouvriers et les paysans de la Russie des Soviets? Lorsque les délégués retourneront dans leurs pays, le moment viendra où il apparaîtra dans quelle mesure ils tiendront leurs promesses de défendre l'Union soviétique.

Nous ne voudrions pas que notre position semble imprécise ou ambiguë. Nous faisons une déclaration nette, en ayant conscience de notre responsabilité. Nous, représentants de la partie la plus révolutionnaire de la classe ouvrière irlandaise, nous sommes nettement et ouvertement avec la Russie des Soviets contre tout pouvoir capitaliste dans le monde entier qui voudrait attaquer l'Union soviétique. Pour la classe ouvrière, dans un conflit entre les ouvriers et leurs exploiteurs, il ne peut y avoir qu'une attitude, à savoir la défense de la classe ouvrière, qu'on soit d'accord ou non avec sa politique. C'est la position que nous devons toujours garder. C'est pourquoi nous donnons notre parole de lutter énergiquement contre les préparatifs de guerre qui sont dirigés contre l'Union soviétique, et dans le cas où la guerre viendrait à éclater, de nous placer ouvertement et résolument aux côtés de l'Union soviétique. Nous ne nous contenterons pas de défendre l'Union soviétique, mais nous, en tant que race opprimée de l'Empire britannique, nous profiterons de cette occasion pour attaquer cet Empire, car il ne s'agira pas seulement d'attaquer le principal ennemi des ouvriers russes pour les défendre, mais aussi les oppresseurs de notre peuple et de nos camarades ouvriers des autres races opprimées dans tout l'Empire, et de lui porter ainsi un coup que nous espérons mortel.

Nous voudrions proposer ici une ou deux méthodes par lesquelles on pourrait organiser la résistance active à la guerre dirigée contre l'Union soviétique. Nous sommes convaincus que, par le travail actif des groupes dans nos entreprises et parmi les paysans de notre pays, par l'établissement d'un contact actif avec nos ouvriers à domicile, par la description de ce que nous avons vu en Russie, ainsi que par le travail de préparation à une action efficace, même dans le cas où la Grande-Bretagne impérialiste s'engagerait dans la guerre, nous transformerons cette guerre en une guerre civile et instaurerons notre République ouvrière, qui sera la deuxième dans le monde.

Nous vous souhaitons le meilleur succès dans

l'édification de votre Etat socialiste. Nous déclarons ici que nous combattrons tout pays qui lèvera les armes contre vous. Vive la solidarité des ouvriers et des paysans du monde entier ! Vive l'Union soviétique.

MELNITCHANSKY. — Camarades, nous avons toujours considéré notre révolution, la révolution d'Octobre, comme une œuvre internationale. A la lutte de la classe ouvrière russe participèrent également les ouvriers des autres pays, dans le sens direct de ce mot. Il y a dans les rangs de l'Armée Rouge un grand nombre de paysans, d'ouvriers et d'intellectuels des différents pays. De même, nos camarades ont participé à toute une série de mouvements révolutionnaires dans les autres pays. Ils sont maintenant enfermés dans les prisons bourgeoises. Le Conseil militaire révolutionnaire a décidé, à sa réunion d'aujourd'hui, de récompenser de l'insigne de l'Ordre du Drapeau Rouge quelques camarades qui ont pris une part active à la lutte révolutionnaire des autres pays et dans notre Armée Rouge.

La parole est au camarade Vorochilov, président du Conseil militaire de la République.

VOROCHILOV. — Le Conseil militaire révolutionnaire de la République vous salue au nom des centaines de milliers de soldats et de marins rouges. L'Armée rouge suit avec un profond intérêt les travaux du congrès. Les soldats de l'Armée ouvrière et paysanne sont animés de la même pensée que tout le prolétariat international. Avec vous, avec les travailleurs du monde entier, ils cherchent les moyens d'assurer aux travailleurs de l'U.R.S.S. la possibilité de continuer leur travail pacifique.

La révolution d'Octobre est la révolution du prolétariat international. Une tâche difficile incombe aux travailleurs de l'Union soviétique. Le prolétariat de l'U.R.S.S. est le premier détachement de la classe ouvrière mondiale, celui qui édifie la première société socialiste. La révolution d'Octobre est le premier acte de la lutte mondiale. Les ouvriers, les paysans de l'U.R.S.S. ont supporté de grands sacrifices ; le sang des travailleurs de l'Union soviétique a arrosé la terre ; les travailleurs de l'U.R.S.S. ont souffert de la faim, du froid et de la maladie dans leur lutte pour la défense du territoire soviétique.

La classe ouvrière de l'U.R.S.S. a vaincu non seulement grâce à sa lutte énergique, à son dévouement et à sa persévérance, mais aussi grâce à l'aide et à l'appui du prolétariat des pays capitalistes. C'est précisément grâce à l'aide des camarades de l'étranger que l'Union soviétique peut maintenant fêter son X^{e} anniversaire. Le Conseil militaire révolutionnaire croit devoir marquer la solennité du Xe anniversaire, auquel prennent part les membres du congrès, en remettant aux combattants de la Révolution mondiale : Clara Zetkin, Jacques Sadoul, André Marty, Bela Kun, Max Hoelz, Tchan-Go-Tao et Stanislas Lanzucki, le symbole suprême de la Révolution prolétarienne mondiale : l'Ordre du Drapeau Rouge.

MELNITCHANSKY. — Les représentants des délégations polonaise, chinoise, allemande, française et les camarades Jacques Sadoul, Bela Kun, Clara Zetkin, sont priés de venir à la tribune. (*Ovations enthousiastes. Tous les camarades décorés de l'insigne du Drapeau Rouge et les membres du Conseil militaire révolutionnaire se rangent devant la tribune du présidium).*

(Le président du Conseil militaire révolutionnaire, le camarade Vorochilov, décore la camarade Clara Zetkin de l'Ordre du Drapeau Rouge. Tempête d'applaudissements.)

VOROCHILOV. — Camarade, le Conseil militaire révolutionnaire, en vous remettant par mon intermédiaire cet insigne, ce symbole de la Révolution mondiale, exprime sa profonde conviction que si nos ennemis de classe tentaient de nouveau d'attaquer notre République prolétarienne, nous, les ouvriers, les travailleurs du monde entier, verrions de nouveau la camarade Clara Zetkin aux premiers rangs de ceux qui luttent pour le premier pays du socialisme. *(Le camarade Vorochilov remet à Clara Zetkin l'ordre du Drapeau Rouge. Ovations. On crie : hourra ! et on chante l'*Internationale. *Vorochilov et Clara Zetkin se donnent l'accolade.)*

Vive la combattante rouge, Clara Zetkin !

Clara ZETKIN. — Vive l'Armée Rouge de l'U.R.S.S. !

Vive la future Armée rouge internationale ! (*Applaudissements*).

MELNITCHANSKY. — Le camarade Boudénny décore de l'Ordre du Drapeau Rouge le camarade Max Hoelz, prolétaire enfermé depuis de nombreuses années dans les prisons allemandes par la bourgeoisie allemande. Le camarade Siewert, président de la délégation allemande, est chargé de lui remettre cet insigne. (*Applaudissements*).

BOUDENNY. —Le Conseil militaire révolutionnaire, en remettant cet insigne de la plus haute récompense du prolétariat, espère que les efforts du prolétariat international réussiront à briser les chaînes et à libérer nos frères qui souffrent dans les prisons du Capital.

Dites au camarade Hoelz que dans les journées des combats mondiaux, nous espérons le voir de nouveau dans nos rangs.

Vive le combattant glorieux de la Révolution sociale, le camarade Max Hoelz. (*Tempête d'applaudissements*).

Le camarade Boudénny remet l'Ordre du Drapeau Rouge au camarade Siewert.

MELNITCHANSKY. — Le camarade Boubnov, membre du Conseil militaire révolutionnaire, remet l'insigne du Drapeau Rouge au camarade Jacques Sadoul. (*Applaudissements*).

BOUBNOV. — Camarade Jacques Sadoul, le Conseil militaire révolutionnaire de l'U.R.S.S. vous récompense de l'Ordre du Drapeau Rouge. Le Conseil militaire révolutionnaire sait les services que vous avez rendus à la République des Soviets au cours des grandes journées de combat sur les fronts de notre guerre civile. Le Conseil militaire révolutionnaire est profondément convaincu que, dans les luttes de classe futures, vous serez encore au premier rang des combattants pour la Révolution mondiale. (*Applaudissements*).

MELNITCHANSKY. — Le camarade Serge Kaménev, membre du Conseil militaire révolutionnaire, remet l'Ordre du Drapeau Rouge au camarade Béla Kun.

S. KAMÉNEV. — Camarade Béla Kun, le Conseil militaire révolutionnaire des Républiques soviétiques me charge de vous remettre l'insigne du Drapeau Rouge, comme à l'un des plus vieux combattants de notre Armée rouge. Nous ne doutons pas que, dans les luttes futures, vous serez aux premiers rangs, comme vous l'avez été dans le passé. (*Applaudissements. Kaménev et Béla Kun se donnent l'accolade.*)

MELNITCHANSKY. — Le camarade Baranov, membre du Conseil militaire révolutionnaire des Républiques soviétiques, et commandant des forces aériennes de l'Armée rouge, transmet l'Ordre du Drapeau rouge au camarade Tan-Go-Tao, par l'intermédiaire de Jacques Gordoï, président de la délégation chinoise.

BARANOV. — Camarades, en remettant l'insigne du Drapeau Rouge, emblème de la Révolution socialiste, le Conseil militaire révolutionnaire de la République exprime la profonde conviction que le camarade Tchan-Go-Tao restera, comme dans le passé, aux premiers rangs du grand peuple chinois en lutte. (*Applaudissements*).

MELNITCHANSKY. — Le camarade Mouklévitch, membre du Conseil militaire révolutionnaire, remet l'insigne du Drapeau Rouge au camarade Marty, par l'intermédiaire du président de la délégation française. (*Applaudissements. Cris de: « Vive Marty ! »*).

MOUKLÉVITCH. — Je suis heureux qu'il me revienne le grand honneur de remettre, au nom du Conseil militaire révolutionnaire de notre pays, la plus grande récompense révolutionnaire au marin de la marine française, le camarade Marty.

C'est le nom le plus connu de tous nos marins. Le camarade André Marty est un marin de la Marine rouge de la mer Noire. C'est depuis l'année 1920 que le nom du camarade Marty est connu dans notre marine. A l'époque où les canons des cuirassés français étaient tournés contre la classe ouvrière de notre pays, le camarade André Marty s'est rangé le premier de notre côté. Le cuirassé *Mirabeau* a tourné les canons dans une autre direction et retourna en France. Le camarade Marty, avec les autres marins français, a entrepris la lutte contre la bourgeoisie de son propre pays. J'aurais voulu avoir la joie de remettre cet insigne au camarade André Marty lui-même. Malheureusement, je ne puis le faire, car il est actuellement détenu dans les prisons françaises. Je remets donc cet insigne au représentant du prolétariat français et j'exprime ma ferme conviction que le prolétariat français saura libérer le camarade André Marty et lui remettra cet insigne, cette suprême récompense militaire de l'U.R.S.S., et qu'il continuera à lutter pour la défense de la classe ouvrière, pour un avenir meilleur de toute l'humanité. (*Applaudissements*).

MELNITCHANSKY. — Le camarade Vorochilov remet au président de la délégation polonaise, le camarade Baczinski, l'insigne du Drapeau Rouge pour le camarade Lanzucki, actuellement détenu dans les prisons polonaises.

VOROCHILOV. — Camarade Baczinski, je vous prie de remettre, dès que vous en aurez la possibilité, et j'espère que cette possibilité, le prolétariat polonais l'aura bientôt, au camarade Lanzucki cet insigne, le symbole de la victoire de la Révolution socialiste et dites-lui que nous honorons en sa personne la meilleure partie du peuple polonais. Nous exprimons notre ferme conviction que le prolétariat polonais libérera bientôt le camarade Lanzucki, ainsi que les autres combattants de la Révolution, que bientôt le prolétariat polonais se joindra à nous pour l'édification de la nouvelle société socialiste. (*Le camarade Vorochilov remet au camarade Baczinski l'Ordre du Drapeau Rouge. Applaudissements*).

BACZINSKI. — J'accepte l'insigne du Drapeau Rouge qui m'est remis pour Lanzucki, comme l'insigne des services rendus par Lanzucki au prolétariat polonais comme à la classe ouvrière mondiale.

Vive la Révolution sociale ! (*Applaudissements*).

MELNITCHANSKY. — Le camarade Siewert a la parole au nom des camarades décorés de l'Ordre du Drapeau Rouge.

SIEWERT (Allemagne). — Camarades, au nom de ceux qui viennent d'être décorés de l'Ordre du Drapeau Rouge et au nom des millions d'ouvriers et d'opprimés qui sont représentés par ces camarades, je déclare que les délégués réunis ici, après leur retour dans leurs pays, feront tout leur possible pour faire comprendre aux ouvriers du monde entier que le devoir le plus sacré de tout ouvrier est non seulement d'être aux côtés de l'Union soviétique et d'empêcher toute agression contre la Russie des Soviets, mais aussi de comprendre qu'une agression contre l'Union soviétique doit être le signal du soulèvement des exploités, de la lutte contre les capitalistes dans le monde entier.

Camarades, nous venons des pays capitalistes. Nous avons eu ici l'occasion d'observer la vie et l'activité de la population laborieuse. Nous avons eu également l'occasion d'observer la vie et l'activité de l'Armée rouge. Nous avons eu l'occasion d'assister à quelques réunions de l'Armée rouge. Eh bien, camarades, ce qui nous a le plus touché et surpris, c'est que, dans la Russie soviétique, l'armée et la classe ouvrière forment un seul tout, c'est qu'entre la population civile et l'armée, il n'y a pas la moindre différence. Dans la Russie des Soviets, nous avons véritablement une armée de classe, une armée qui ne se donne pas seulement pour but de défendre les conquêtes de la révolution d'Octobre, une armée qui, nous en sommes convaincus, dans le cas où la révolution éclaterait dans un autre pays et où le prolétariat appellerait l'Armée rouge à son aide, viendrait à son secours pour lutter côte à côte avec le prolétariat de ce pays.

Le fait que, parmi les camarades qui viennent d'être décorés de l'Ordre du Drapeau Rouge, se trouve la camarade Clara Zetkin, le fait qu'un grand nombre de camarades qui ont été décorés n'ont jamais été militaires, ce fait prouve que, dans la Russie soviétique, il y a une masse unanime à repousser toute agression, à lutter pour le développement pacifique de l'Union soviétique, pour la sécurité de l'édification socialiste.

Au nom des camarades qui ont reçu aujourd'hui la décoration du Drapeau Rouge, nous déclarons que notre devoir le plus sacré, après notre retour dans notre pays, sera de faire comprendre enfin aux ouvriers qu'il est grandement temps d'abattre les capitalistes, qu'il est grandement temps que les ouvriers comprennent enfin que ce n'est pas dans la voie de la démocratie, de la collaboration de classe, qu'on pourra aller de l'avant, mais uniquement en arrachant le pouvoir aux capitalistes, en agissant conformément aux leçons que Karl Marx nous a données, en suivant l'exemple de Lénine, en adoptant ce cri de guerre : Guerre acharnée au capitalisme !

C'est pourquoi, camarades, nous crions tous :

Vive l'Armée rouge !

Vive la Révolution mondiale !

MELNITCHANSKY. — Camarades ouvriers, arrivés chez nous, en qualité d'invités, en qualité de délégués, unis par des liens étroits avec le mouvement ouvrier mondial, et particulièrement avec notre mouvement syndical, vous avez apporté le drapeau rouge des syndicats de Chine pour le remettre aux syndicats de l'Union soviétique.

La camarade Liu, ouvrière, a la parole pour remettre le drapeau rouge de la part des ouvriers chinois.

LIU (Chine). — Camarades, tous les camarades ici présents appartiennent à la grande classe prolétarienne. Moi, qui représente les paysans et les ouvriers chinois, je me déclare extrêmement heureuse d'être venue ici, dans le pays de la dictature du prolétariat.

Les hommes possèdent toutes sortes de droits dont ils devraient pouvoir jouir ; mais en raison du système d'oppression qui pèse sur eux depuis des siècles, ils sont dans l'impossibilité d'en jouir. C'est pourquoi nous devons lutter pour la défense de nos propres droits. C'est avec cette conscience que je viens dans ce pays, l'unique patrie de tous les prolétaires du monde. (*Applaudissements*).

Nous, prolétaires chinois, préparons la lutte contre tous nos ennemis. Nous nous préparons à lutter et à soutenir l'Union soviétique. (*Applaudissements*). Le prolétariat chinois s'est réveillé et il se renforce de jour en jour. J'espère que tous les prolétaires du monde sauront également faire leur devoir. Nous savons tous que c'est le prolétariat de l'Union soviétique qui gouverne actuellement ce pays. Je souhaite que les prolétaires du monde entier collaborent avec nous dans la lutte contre notre ennemi commun : le capitalisme (*Applaudissements*). Nous savons tous que les impérialistes du monde entier s'allient contre l'Union soviétique. Pourquoi ? Parce qu'ils se rendent compte que l'Union soviétique est la patrie des prolétaires du monde entier. D'autre part, nous devons comprendre ce fait : en défendant l'Union soviétique, nous ne faisons pas que la défendre, nous défendons aussi nos propres intérêts. C'est pourquoi, même en luttant pour nos propres intérêts, nous devons élargir notre lutte et lutter contre notre ennemi commun. (*Applaudissements*). Nous savons tous que la victoire finale sera pour nous. Nous avons confiance que nous serons vainqueurs.

C'est pour cela qu'aujourd'hui, en cette occasion solennelle, au nom de la délégation chinoise et de tous les ouvriers et paysans de Chine, je remets cette bannière aux syndicats de l'Union soviétique. Je désire que vous la considériez comme un gage de la victoire future du prolétariat mondial. (*Applaudissements*). Ce drapeau est différent des autres drapeaux, car nous l'avons conquis au prix de notre propre sang. Il est le symbole de la lutte héroïque du prolétariat chinois, et c'est pour célébrer cette lutte héroïque que je vous présente aujourd'hui ce drapeau, qui n'est pas un symbole d'oppression, mais un symbole de lutte et de dévouement à la classe ouvrière mondiale. (*Applaudissements*).

Travailleurs de tous les pays, unissez-vous !

Vive l'Union soviétique !

Vive la Révolution mondiale !

Vivent les syndicats de l'Union soviétique !

TOMSKY. — Camarades, au nom du Conseil syndical central de l'U.R.S.S. et au nom des ouvriers organisés de notre Union, j'accepte avec la plus grande reconnaissance et avec le plus grand respect, le don des prolétaires chinois. Nous espérons que ce drapeau constituera un symbole des liens indissolubles qui lient tous les prolétaires, indépendamment de leur nationalité, pays ou continent. Nous espérons que ce drapeau sera le symbole de la nécessité de l'union des prolétaires de tous les pays en une alliance solide contre le capital. Nous avons la certitude que ce drapeau constituera encore un chaînon qui renforcera l'union fraternelle des prolétaires de l'U.R.S.S. et des prolétaires héroïques de Chine en lutte pour leur émancipation.

Permettez-moi de saluer, au nom des prolétaires de l'U.R.S.S., les prolétaires chinois en lutte pour leur émancipation. Permettez-moi de vous dire que nous acceptons ce don comme un symbole de nos intérêts communs, de notre lutte commune pour l'émancipation définitive du prolétariat et de l'humanité tout entière. Permettez-moi de vous dire que dans cette alliance fraternelle de combat, le prolétariat de l'U.R.S.S. n'oubliera pas son devoir envers les prolétaires de Chine, comme il n'a jamais oublié, comme il n'oublie pas et comme il n'oubliera jamais son devoir envers tous ceux qui sont opprimés et exploités, envers tous ceux qui luttent pour leur émancipation.

Vive l'alliance fraternelle du prolétariat mondial !

Vive la lutte des prolétaires contre les capitalistes de tous les pays !

Vive l'émancipation définitive du travail du joug du capital !

(*Applaudissements. Le camarade Tomsky reçoit le drapeau des ouvriers chinois.*)

MELNITCHANSKY. — De toutes les régions de l'U.R.S.S., un grand nombre de paysans sont venus ici pour assister aux fêtes du Xe anniversaire de la révolution d'Octobre. Ils ont envoyé ici une délégation qui demande maintenant de prendre la parole pour saluer les camarades délégués de l'étranger. La camarade Baskakova, paysanne, a la parole. (*Applaudissements*).

BASKAKOVA. — Camarades, les paysans laborieux de notre grande Union soviétique ont, des contrées les plus éloignées, envoyé leurs délégués dans la capitale rouge pour y assister aux fêtes du Xe anniversaire de la révolution d'Octobre. Ils m'ont chargée d'adresser leur salutations chaleureuses au Congrès mondial des Amis de l'Union soviétique. (*Applaudissements*). Camarades, en vous saluant, les paysans laborieux saluent tous les travailleurs, ouvriers et paysans, de tous les pays, que vous représentez ici. Camarades, vous êtes venus ici pour participer à nos fêtes. Vous êtes venus pour voir les progrès que nous avons faits au cours des dix années écoulées depuis la révolution. Vous avez vu avec quel enthousiasme le prolétariat de Moscou a fêté l'anniversaire de la révolution. Vous avez vu comment nous avons reconstitué notre économie, nos fabriques et nos usines, notre économie rurale grâce à l'aide et à la direction du parti communiste. Vous pouvez vous rendre compte des progrès que nous avons déjà accomplis dans ce domaine. Certes, nous ne pouvons pas encore comparer notre économie à celle des Etats-Unis d'Amérique ou à celle des autres pays bourgeois avancés. Mais nous nous réjouissons de tout ce que nous avons fait de nos propres mains ; nous nous réjouissons chaque fois que nous réussissons à créer une crèche d'enfants dans un village, chaque fois que nous réussissons à créer une exploitation agricole collective, car ce sont là nos progrès socialistes, car c'est là notre édification socialiste.

Et voici, camarades, nos ennemis qui disent : qu'est-ce que le pouvoir soviétique vous a donné? Je ne pourrais dire tout ce que le pouvoir soviétique nous a donné. Comme paysanne, je noterai seulement ce que le pouvoir soviétique, ce que la révolution d'Octobre a donné aux paysans. Auparavant, nous étions rejetés au rang des bêtes domestiques. Actuellement, les paysannes ont les mêmes droits que les autres citoyens de l'U.R.S.S. : elles ont le droit d'élire et d'être élues à tous les postes électifs ; les paysannes ont le droit de participer aux associations agricoles, elles ont tous les droits politiques, et les 600.000 paysannes qui travaillent dans tel ou tel organe du gouvernement soviétique prouvent que les paysannes utilisent leurs droits, qu'elles sont dévouées au pouvoir soviétique et au parti communiste. Car c'est là une conquête de la révolution d'Octobre.

Je pense que ce congrès liera encore plus intimement les ouvriers et les paysans du monde entier. Ce congrès affirmera hautement devant le capitalisme mondial que les travailleurs du monde entier ne ressentent que de la sympathie à l'égard des ouvriers et des paysans de l'Union soviétique, et que nous voulons entretenir avec vous, camarades, des rapports d'amitié. Nous espérons que votre amitié sera réelle, que vous ne permettrez pas à vos gouvernants bourgeois de nous attaquer, que vous ne permettrez pas qu'une guerre nous soit déclarée. Mais si, contrairement à votre volonté et à la nôtre, nous sommes entraînés dans une guerre, les paysans laborieux de l'Union soviétique demandent aux ouvriers et aux paysans de tous les pays de donner la réponse qu'ils méritent à ceux qui auront osé attaquer l'Union soviétique.

Vous avez pu observer les solennités dans toutes les villes, dans tous les villages de notre grande Union soviétique. Pourquoi cette fête est-elle aussi joyeuse ? C'est parce que le prolétariat et les paysans ont eu de grandes difficultés à vaincre pour conquérir la liberté. Vous savez certainement quel héritage nous avons reçu de la Russie tsariste ? Nous avons pris le pouvoir au moment où le gouvernement tsariste tombait déjà, au moment où la guerre impérialiste avait déjà détruit les ressources de notre pays.

Je pense, camarades, que nous devons passer des paroles aux actes, qu'ayant vu les progrès que nous avons accomplis, vous direz toute la vérité aux masses laborieuses de vos pays. Vous leur direz que nous sommes sur la voie juste. Nous aussi, nous sommes intéressés à la victoire du prolétariat des autres pays, nous savons ce qu'est le capital mondial, nous savons que, dans les prisons de vos pays, sont enfermés ceux qui combattent pour la révolution, nous n'avons pas oublié la récente exécution de Sacco et Vanzetti. Nous pensons que le prolétariat de l'étranger, que les ouvriers et les paysans doivent former leurs combattants, pour s'engager dans la voie que nous avons suivie. Nous pensons qu'ils doivent marcher la main dans la main avec nous et renverser leurs gouvernements bourgeois, afin d'établir dans le monde entier le pouvoir des Soviets. Vive la Révolution mondiale !

Vive l'union étroite des ouvriers et des paysans du monde entier !

Vive l'Octobre mondial ! (*Applaudissements enthousiastes*).

MELNITCHANSKY. — La parole est au camarade Mouryline, représentant de la région d'Ivanovo-Voznessensk, une des plus grandes régions industrielles de notre pays. Les ouvriers de cette région ont envoyé deux drapeaux : l'un pour la délégation française, l'autre pour la délégation anglaise. Le camarade Mouryline a la parole.

MOURYLINE. — Chers camarades, membres des délégations française et anglaise ! Nous vous apportons ces drapeaux en signe de solidarité des ouvriers de l'U.R.S.S. avec les ouvriers des pays qui vous ont délégués dans notre pays.

Vous avez vu comment vivent nos ouvriers. Vous avez vu les progrès que nous avons réalisés, vous avez constaté l'enthousiasme manifesté par les masses ouvrières le jour du Xe anniversaire de la révolution d'Octobre. Nous, ouvriers d'Ivanovo-Voznessensk, avons accompli un grand travail. Nous pouvons faire remarquer avec fierté les résultats que nous avons obtenus dans tous les domaines de notre industrie, ainsi que dans les domaines de la vie sociale et politique. Nous pouvons déclarer avec fierté que notre travail au cours de ces dix dernières années a prouvé que la classe ouvrière est capable d'édifier la société communiste. La classe ouvrière de notre pays est capable de développer l'économie de notre pays sans le concours de la bourgeoisie.

Nous vous prions de dire aux ouvriers de vos pays les progrès que nous avons réalisés et les difficultés que nous avons à surmonter pour l'édification économique de notre pays. Nous avons la certitude que les masses ouvrières de vos pays comprendront et apprécieront notre travail et nos progrès, et qu'elles sympathiseront avec nous.

Que ce drapeau serve de lien unissant les ouvriers de notre pays à ceux du monde entier ! Qu'il soit un symbole de lutte pour l'unité du mouvement ouvrier ! Qu'il soit le symbole du pays soviétique dans lequel les ouvriers dirigent l'économie sans l'aide de la bourgeoisie ! Qu'il soit le symbole de la lutte impitoyable du prolétariat mondial contre le capitalisme !

CANONNE. — Camarades, en remettant ce drapeau aux travailleurs de France, je leur dirai que les ouvriers de la République des Soviets n'oublient pas que les Français sont les fils de la Commune, et qu'ils attendent avec impatience qu'ils sachent le prouver en venant bientôt se ranger à leurs côtés. (*Vifs applaudissements.*)

LAWTHER (Grande-Bretagne), Président. — On propose que nous entendions encore six orateurs, puis que nous passions à la discussion et au vote de la résolution pour que les débats finissent ce soir. Si cette proposition est rejetée, nous devrons reporter la suite des débats à ce soir et à demain.

Il y a une autre proposition qui demande que

les six orateurs qui n'ont pas parlé et qui sont inscrits sur la liste, remettent leurs discours qui seront inclus au rapport.

Galiléo (Italie). — Camarades, on a proposé de clore la liste des orateurs. Au nom de la délégation italienne, je propose de continuer la discussion. Il faut que ces camarades aient la possibilité de parler et que les délégations intéressées puissent exprimer leur opinion. Je propose donc de continuer la discussion.

Lawther. — On propose que nous entendions encore six orateurs, puis que l'on passe au vote. Ceux qui sont inscrits sur la liste feront parvenir leurs discours écrits.

Qui est en faveur de cette proposition ?

Qui est contre ?

La proposition d'entendre encore six orateurs, de prier les autres de transmettre leurs discours, puis de passer au vote de la résolution ce soir, est adoptée.

Le camarade Jensen, des Etats-Unis, a la parole.

Jensen (délégation syndicale d'Amérique). — Camarades ! Les rapports et la discussion d'aujourd'hui ont fait ressortir clairement l'attitude des puissances impérialistes à l'égard de l'Union soviétique. Nous, Américains, nous rendons compte que le but des impérialistes est de détruire la seule et unique République ouvrière qui soit actuellement. Nous nous rendons compte que le gouvernement des Etats-Unis est un des adversaires les plus acharnés de la République soviétique, non seulement en raison de son attitude dans les conflits du travail qui surgissent aux Etats-Unis mêmes, mais aussi à cause de son attitude à l'égard de l'Amérique latine et des pays du Pacifique, à l'égard de la Chine et du Nicaragua. C'est pourquoi il est absolument indispensable que les ouvriers de l'Amérique latine s'allient étroitement avec les ouvriers des Etats-Unis pour lutter contre les projets de l'impérialisme américain.

Nous, délégués syndicaux de l'Amérique du Nord, avons le devoir de nous engager à faire tout ce qui est en notre pouvoir pour entraîner tous les ouvriers, organisés ou non, à défendre l'U.R.S.S., la République des travailleurs et à lutter vigoureusement contre le système capitaliste.

Dordjiev. — Chers collègues, au nom des bouddhistes de l'Orient, en particulier au nom de la Communauté du Thibet, je salue l'U.R.S.S. qui nous a réunis à ce congrès. Nous, les bouddhistes de l'Orient, habitués à l'idée des frontières étroites des Etats nationaux et à tout ce qui oblige les hommes à vivre séparément les uns des autres et à se haïr les uns les autres, nous avons toujours cru au triomphe futur de la paix et de la fraternité. La meilleure preuve de notre confiance justifiée, c'est l'apparition de l'U.R.S.S., qui est, pour le moment, le seul Etat des travailleurs dans le monde entier. Nous, les boudhistes de l'Orient, avons suivi avec un grand calme, avec une attention soutenue, les dix années d'existence et de travail de cet Etat ouvrier. Et qu'avons-nous établi, à la suite de notre étude et de nos observations Nous avons établi, avec précision, que les travailleurs de l'U.R.S.S. ont réussi à résoudre, de la meilleure façon, la question de la combinaison la plus rationnelle d'un développement technique et culturel élevé avec une amélioration incomparable de la situation des classes laborieuses, ce qui aurait inévitablement conduit aux plus grandes perturbations et aux conflits les plus sanglants dans les conditions de l'ancienne Russie. Les travailleurs de l'ancienne Russie, les peuples nombreux habitant sur le territoire de l'U.R.S.S., ont transformé ce pays en un palais de fraternité des peuples. Dans ce pays, les capitalistes sont privés de la possibilité d'opprimer les masses, de les lancer dans des guerres fratricides, de les condamner aux tortures. Les travailleurs de l'U.R.S.S. avancent rapidement dans la voie de la fraternité, de la paix et de la conquête des meilleures conditions d'existence de millions de travailleurs. Il n'y a plus dans ce pays de persécutions nationales, et les nations, même les plus petites, ont leur indépendance dans les cadres de l'U.R.S.S.

A quelles conclusions sommes-nous arrivés ? Premièrement, c'est que l'exemple des travailleurs de l'U.R.S.S. montre le seul moyen de résoudre la question des droits des peuples à disposer d'eux-mêmes, le seul moyen d'abattre la guerre et d'arriver à la vraie fraternité des peuples. Deuxièmement, c'est que l'existence de l'U.R.S.S. et la consolidation ultérieure de ce pays constitue la seule garantie de la paix générale. Troisièmement, c'est que tous les politiciens du monde et toutes les organisations dans le genre de la Société des Nations, ne peuvent aboutir à quoi que ce soit de positif, car ils ne connaissent pas et ils ne comprennent pas réellement les questions qu'ils se chargent de résoudre.

Nous, les millions de bouddhistes de l'Orient, nous faisons appel à ceux qui n'ont pas encore compris cette vérité et nous leur demandons de se grouper autour de l'U.R.S.S. Si le travail de la présente conférence se base sur les idées que je viens d'énoncer, elle aura une importance réellement pratique, en ce sens qu'elle contribuera à unir les travailleurs du monde entier, tous les amis de la paix et de la fraternité des peuples. Ce n'est que dans ce cas que nous aurons l'appui et la sympathie des millions de bouddhistes de l'Orient et des peuples des autres pays du monde.

Pour terminer, je proclame au nom de 100 millions de bouddhistes, et en particulier au nom des travailleurs de la Communauté du Thibet, le mot d'ordre : « Bas les mains devant l'U.R.S.S. ! »

Ruffino Rozas (Chili) — Lorsque nous étudions la question des menaces de guerre, il ne faut pas oublier les pays de l'Amérique latine et l'avenir de ces pays. Les impérialistes, en particulier les impérialistes anglais et américains, ont trouvé dans l'Amérique latine un vaste domaine à exploiter. Ils se sont emparés de toutes les richesses des pays de l'Amérique latine, et ont mis la main sur le travail de la population de ces pays. Ils interviennent dans la politique nationale et déterminent la politique internationale des pays de l'Amérique latine. Leur influence est particulièrement grande au Chili, au Pérou et en Bolivie. Les gens naïfs de ces pays pensent que la Société des Nations est en état de résoudre les conflits qui éclatent entre les pays, mais ils se trompent, car la Société des Nations se trouve dans les mains de l'Angleterre impérialiste et si les conflits intéressent les Etats-Unis d'Amérique, ces derniers déclarent qu'ils ne regardent pas la Société des Nations. La politique des Etats-Unis d'Amérique détermine toute l'existence des pays de l'Amérique latine. Ces pays sont actuellement l'objet d'une concurrence acharnée, tant commerciale qu'industrielle, entre l'Angleterre et les Etats-Unis. Lorsqu'un Etat quelconque cherche à se débarrasser de l'influence des impérialistes, ces derniers recourent non seulement aux menaces, mais aussi aux interventions militaires directes. A cet égard, les Yankees agissent au Chili comme en pays conquis. Ils ont transformé ce pays en un Etat vassal. Au moyen d'emprunts aux gouvernements du Chili, de la Bolivie et d'autres pays, ils se sont emparés des chemins de fer et de toutes les autres richesses, qui constituent soi-disant un monopole d'Etat. Les canons fournis par les Yankees sont utilisés non seulement dans les conflits entre les différents pays, mais aussi contre les ouvriers du Chili, du Pérou, du Nicaragua et des autres pays. La guerre future sur le littoral de l'Océan Pacifique exercera certainement une influence considérable sur le sort des pays de l'Amérique latine. C'est pourquoi je déclare, au nom de la délégation des pays de l'Amérique latine, que nous voyons dans l'Union des Républiques soviétiques socialistes une forteresse de la paix.

Vive l'Union soviétique !

Vive la Révolution mondiale !

COLOMER. — Camarades, je vous apporte la preuve qu'aucun ouvrier révolutionnaire, aucun homme de bonne foi ne peut refuser son concours à la Russie des Soviets.

Je suis ici le représentant d'ouvriers parisiens, le représentant des anarchistes présents au Congrès du Xe anniversaire. (*Applaudissements*).

Les camarades du mouvement syndicaliste international savent que j'ai été longtemps dans les congrès de la C.G.T.U. et dans le mouvement international, un de vos adversaires, un des adversaires de la dictature du prolétariat, telle qu'elle était réalisée par les bolchévistes russes.

Mais, devant la situation nationale française, devant la situation internationale, j'ai reconnu qu'il était de mon devoir, qu'il était du devoir de tous les prolétaires qui ne veulent pas se faire les complices du capitalisme international, de rallier les drapeaux rouges de la Russie des Soviets. (*Tonnerre d'applaudissements*).

Ah ! je le sais bien, il est facile de rêver, il est facile d'édifier le plan d'une révolution à réaliser comme par un coup de baguette magique. Mais il est beaucoup plus difficile de réaliser. Et les raisons de notre ralliement à votre mouvement admirable, c'est justement parce que vous avez été des hommes pratiques. C'est votre pratique bolchéviste révolutionnaire russe qui a arrêté la guerre. Hier, c'était le 11 novembre. Hier, c'était l'anniversaire de l'armistice. Si l'armistice a pu être fait, c'est justement parce que vous aviez un an auparavant créé dans le monde entier un mouvement anti-guerrier, en abattant non seulement le tsarisme, mais en abattant les complices du tsarisme, c'est-à-dire les social-démocrates de Russie. (*Tonnerre d'applaudissements*).

Nous nous sommes rendus compte, et je parle au nom d'un groupe de camarades anarchistes de France, qu'il y avait impossibilité absolue de rester à côté de vous sans former corps avec vous, dans vos cohortes révolutionnaires, derrière vos drapeaux rouges. (*Vifs applaudissements*).

Et nous nous sommes rendu compte que si nous ne le faisions pas, nous devenions, consciemment ou inconsciemment, les complices non seulement du fascisme français, mais aussi du fascisme international. (*Applaudissements*).

Et cette division du prolétariat, souhaitée par le gouvernement Poincaré, cette division du prolétariat, qui est malheureusement un fait en France, nous souhaitons qu'elle ne soit plus et c'est pourquoi nous disons : Tous les travailleurs, quelles que soient leurs tendances, doivent réaliser l'unité syndicale. Mais, en attendant que cette unité syndicale puisse se faire, ils peuvent réaliser, quelles que soient les organisations syndicales auxquelles ils appartiennent, ils peuvent, ils doivent réaliser l'unité révolutionnaire, et cette unité révolutionnaire, ils ne peuvent la réaliser qu'en marchant avec vous, qui réalisez pratiquement le socialisme en ce pays. (*Applaudissements*).

Je suis venu en Russie. J'ai vu, j'ai constaté votre structure sociale. Ici, vous travaillez enfin, vous ne vous contentez plus de parler et d'imaginer. (*Très bien ! Très bien !*).

Ici, vous avez en main le pouvoir, la force, et c'est le prolétariat qui a cette force, c'est le prolétariat qui a ce pouvoir.

Oui, évidemment, bien des choses encore peuvent nous blesser. Nous ne sommes pas encore devant une Russie des Soviets qui possède tous les moyens d'accorder aux travailleurs le bonheur que le socialisme peut leur accorder. Oui, évidemment ; mais ce qui est extrêmement important, c'est que, ayant en mains les instruments du travail de construction, vous avez la volonté de construire, et c'est cela qui est important.

Et lorsque nous avons constaté tout ce que vous avez fait dans le domaine social, dans le domaine culturel, nous sommes prêts à revenir devant nos camarades de France, quelles que soient leurs tendances, et à leur dire : Cette œuvre, là-bas, cette œuvre de Russie, elle n'est pas seulement le bien des travailleurs russes, elle est le bien connu de tous les travailleurs du monde entier. (*Applaudissements.*)

Ce bien commun, ce trésor qui est le vôtre, il faut que vous le défendiez par tous les moyens. Et il n'y a pas trente-six façons de le défendre. Il n'y en a qu'une seule. Vous devez être contre la guerre qui veut détruire le socialisme russe. Et si vous voulez être contre cette guerre, vous n'avez qu'un moyen, c'est de faire vous-mêmes la Révolution sociale, d'abattre le capitalisme. Et si, malgré tous nos efforts, malgré toute notre propagande, l'ordre de mobilisation générale était lancé, il conviendrait que les prolétaires de France, notamment, ne se contentent plus d'être pacifistes, ne se contentent plus d'être contre la guerre en théorie (en marchant contre leurs frères de Russie) ; il faudrait que les travailleurs de France soient prêts à se refuser à attaquer, à détruire le socialisme que réalisent les travailleurs de Russie. (*Applaudissements*).

Et notamment, nous qui, dans notre mouvement anarchiste français, sommes parmi les rares qui, en août 1914, se sont refusés individuellement à participer à la guerre, à la boucherie mondiale et à être les soldats du coffre-fort français, nous dirons à tous ceux qui pensent comme nous : Il ne s'agit pas de répondre à l'ordre de mobilisation français par un non individuel. Il faut répondre à l'ordre de mobilisation contre la Russie des Soviets par un refus collectif. (*Applaudissements*).

Il faudra transformer la guerre nationale, la guerre impérialiste, en une guerre civile. Il faudra que l'insurrection soit la réponse à l'ordre de mobilisation. (*Applaudissements*).

Je vous demande pardon, mais l'on me demande de lire la déclaration suivante, pour que vous l'approuviez unanimement :

« Au moment où le fascisme italien condamne à 24 ans de prison les ouvriers coupables de s'être organisés pour la défense de leur pain, au moment où va commencer le grand procès contre 100 communistes, parmi lesquels tous les membres du groupe parlementaire communiste accusés pour leur activité politique, menés avant la promulgation des lois d'exception ; et parmi lesquels quelques-uns sont menacés de la peine de mort ;

« Le congrès proteste contre la répression féroce exercée par le fascisme sur le peuple italien ; et informé du danger qui menace la vie du professeur Antonio Gramsci, député au Parlement, homme d'une grande valeur intellectuelle, théoricien du mouvement ouvrier international, qui, par la volonté du fascisme, souffre de la faim et de la maladie dans les geôles de Milan ;

« Le congrès lance un cri d'alarme à tous les travailleurs et aux hommes libres du monde entier, pour qu'ils s'unissent à la campagne contre ce nouveau crime du fascisme qui se prépare. »

Fan Noli (délégation des peuples opprimés des Balkans). — Camarades, on ne saurait trop insister sur deux faits caractéristiques, qui constituent la préface même de la guerre qu'on prépare contre les Soviets. Ce sont les campagnes de calomnies et de mensonges dirigées contre l'Union soviétique, et le mouvement fasciste international dirigé contre tous les ouvriers, en général.

Chacune des guerres impérialistes menées par

la Grande-Bretagne a été précédée par une campagne de calomnies analogues. Chacun des adversaires de la Grande-Bretagne a été dénoncé comme l'ennemi mortel de la civilisation. Autrefois, c'était la France; tout dernièrement, c'était l'Allemagne. Actuellement, c'est le tour de l'Union soviétique.

Pour ceux qui ont suivi cette campagne de calomnies et de mensonges, il n'y a plus de doutes. L'Angleterre impérialiste est en train d'organiser une croisade pour supprimer le premier Etat ouvrier, naturellement pour le bonheur de l'humanité, car l'Angleterre ne fait des guerres que pour des buts complètement altruistes. Mais il y a un obstacle à surmonter: ce sont les organisations ouvrières, qui s'opposent, en général, à toute guerre et surtout à une guerre contre l'Union soviétique, la patrie commune de tous les prolétaires. Il faut s'en débarrasser avant d'attaquer l'Union soviétique. Les différents régimes fascistes ont entrepris ce travail. Quand on l'aura fini, les impérialistes auront les coudées franches pour agir. Ce sera la dernière étape vers la guerre contre les Soviets.

C'est cette agression criminelle que nous devons empêcher par tous les moyens, et nous sommes sûrs que nous y réussirons.

En premier lieu, en ce qui concerne cette campagne de mensonges et de calomnies, nous devons proclamer à haute voix que l'Union soviétique est le seul pays au monde où l'esclavage et l'exploitation de l'homme par l'homme sont abolis, sous toutes leurs formes (*Applaudissements*) ; où une centaine de nationalités jouissent d'une liberté et d'une égalité parfaites et qu'à ce point de vue, tout au moins, l'Union soviétique est le seul pays civilisé de la terre, un oasis humain dans un désert de barbarie et de brutalité.

Pour faire la preuve de ce que nous disons, nous n'avons qu'à mentionner les noms de quelques protégés de l'Angleterre impérialiste, tels Primo de Rivera en Espagne, Mussolini en Italie, Ahmed Zogou en Albanie, Tzankov et Liaptchev en Bulgarie, les militaristes serbes et roumains, Tchan-Tso-Lin et Cie en Chine, ce monstre couvert de sang et de boue, ce massacreur des ouvriers et des paysans, cette sinistre incarnation de la terreur blanche.

C'est avec ces alliés que l'Angleterre prétend sauver la civilisation.

En second lieu, nous devons éclairer les ouvriers sur le sort qui les attend dès que leurs gouvernements auront décidé la guerre contre les Soviets.

Les ouvriers en seront les premières victimes, car c'est plutôt la victoire sur eux que les fascistes et les réactionnaires rêvent et méditent. Ceux-ci se serviront du prétexte de la guerre contre les Soviets pour écraser la classe ouvrière. Les ouvriers ne doivent pas se laisser supprimer. Au contraire, ils doivent se défendre et tourner leurs armes contre leurs oppresseurs séculaires. Les peuples opprimés et les peuples coloniaux doivent suivre l'exemple des ouvriers révolutionnaires. Ils n'auront que leurs chaînes à perdre. Bref, on doit former le front unique des ouvriers, des paysans, des peuples opprimés et des peuples coloniaux.

En troisième lieu, nous devons éclairer l'opinion publique en général sur l'absurdité d'une expédition militaire contre la Russie soviétique. Pour commencer, le climat et les distances énormes sont déjà des obstacles presque insurmontables. Les Alliés impérialistes ne peuvent pas espérer réussir là où Napoléon a échoué. Puis, on ne peut pas abattre un idéal à coups de canons, car ceux qui représentent cet idéal sauront bien le défendre contre tous leurs ennemis. Poussés au désespoir, ils se battront comme des lions et ils étonneront le monde par leur héroïsme. Nous les avons vu défiler devant nous, ces masses enthousiastes, le 7 novembre, et nous sommes tous persuadés qu'elles sauront bien tenir tête à n'importe quelle armée impérialiste et réactionnaire.

C'est à l'Armée rouge qu'appartient la victoire finale.

Vive l'Union soviétique!

(*Vifs applaudissements.*)

Dèpre (France). — Camarades, au nom des délégués socialistes et de toute la délégation française, j'adresse mon chaleureux salut aux travailleurs de l'U.R.S.S. qui ont si héroïquement fait la Révolution.

Avec un empressement unanime dans notre pays, les masses profondes du prolétariat ont répondu à l'appel du Comité : « *La vérité sur la Russie* ». Plus de mille travailleurs de tous les pays sont venus en U.R.S.S. Qu'ont-ils vu, en réponse à la honteuse campagne de la presse bourgeoise?

Ils ont trouvé ici une population énergique qui, tout entière, travaille avec enthousiasme à l'édification solide d'un Etat prolétarien.

Quels que soient les points sur lesquels nos enquêtes ont porté, partout nous avons constaté les bases nécessaires à l'édification d'un Etat socialiste et l'amélioration progressive du sort des travailleurs.

Sur un empire fait de boue et de sang, en dix années, la révolution russe a construit le seul Etat où le travailleur soit vraiment libre. Aussi, devant une telle œuvre, le monde capitaliste prend-il peur. Il se rend compte qu'il suffirait à chaque travailleur des divers pays de connaître la vérité sur les conquêtes réalisées par le prolétariat russe pour que la menace révolutionnaire s'étende et détruise à jamais dans le monde la tyrannie du capital.

Depuis de longs mois, nous assistons à la lutte savamment organisée contre l'U.R.S.S. par les divers Etats, guidés par l'Angleterre impérialiste. La duplicité et la perfidie de ceux qui, à Genève, manifestent des sentiments hypocritement pacifistes, ne réussiront pas à affaiblir la vigilance des travailleurs. Nous ne sommes pas dupes du rôle de la Société des Nations où, derrière l'apparat des séances solennelles, dans la coulisse, s'élaborent les tractations secrètes qui conduiront inéluctablement à un conflit sanglant.

La rupture des relations entre l'Angleterre et l'U.R.S.S., le rappel de notre camarade Rakovsky, les arrestations arbitraires des communistes français, l'emprisonnement et l'assassinat de communistes dans la plupart des pays, en sont la preuve la plus éclatante.

Le monde capitaliste est effrayé devant la perspective de la libération du peuple chinois qui lutte pour son indépendance. Car tous les peuples coloniaux manifestent plus ou moins énergiquement leur désir de libération.

Le prolétariat veut briser ses chaînes. Et c'est parce que la Russie est devenue pour tous les opprimés le symbole de l'affranchissement humain, que la haine des capitalistes du monde entier tentera d'exploser en une attaque destructive.

C'est pourquoi, travailleurs de tous pays, qui participez à ce congrès, vous qui avez eu le privilège d'admirer l'œuvre révolutionnaire réalisée par la Russie soviétique, vous ne permettrez pas un tel crime.

En rentrant dans vos pays, vous détruirez la calomnie répandue, malgré les obstacles que vous rencontrerez sur votre route. Partout vous direz ce que vous avez vu.

Et demain, si les impérialistes se précipitaient sur l'U.R.S.S. pour l'assassiner, vous vous dresseriez pour défendre ses conquêtes.

Si vos efforts étaient vains, si, malgré tout, vous ne pouviez empêcher cette guerre, que le capitalisme sache que, prenant les armes, nous, les ouvriers français, nous viendrions nous ranger aux côtés de nos frères russes, pour défendre l'Etat des travailleurs.

Vive l'Armée rouge!

Vive la Révolution russe!

Vive la Révolution mondiale!

LAWTHER (Grande-Bretagne) *Président*. — La discussion est terminée et je vais mettre au vote la résolution que chacun des membres du congrès a reçue. Cela faisant, je désire souligner que l'initiative prise par la délégation britannique s'est trouvée justifiée au cours des deux journées qu'a duré ce congrès. Je pense que l'on n'a encore jamais réuni une assemblée portant ce caractère, qui représente non seulement les grands pays, mais aussi tous les petits pays qui ont décidé d'examiner les propositions ici présentées. Je vais mettre, dès maintenant, la proposition au vote.

Y a-t-il quelque autre résolution ou objection?

Puisqu'il n'y en a point, je vous prie de voter.

Qui est pour cette résolution?

Qui est contre cette résolution?

Personne. (*Applaudissements. Chant de* l'Internationale).

Camarades, maintenant que la résolution est votée, je voudrais formuler une ou deux suggestions de premier ordre afin que cette résolution puisse porter les fruits que la délégation anglaise désire lui voir porter.

Je propose ce qui suit :

1° Toutes les délégations s'efforceront de maintenir et de renforcer le contact avec les organisations qui les ont invitées à venir dans la République des Soviets;

2° Toutes les délégations feront tous les efforts pour faire appliquer dans leurs pays les résolutions du congrès;

3° Les délégations groupant les représentants des larges masses et personnifiant le principe du front unique devront poursuivre leur travail une fois de retour dans leurs pays;

4° Les délégations devront rechercher les moyens pour réaliser, à l'aide de conférences régionales et nationales, les résolutions du congrès et faire profiter les masses ouvrières de l'expérience de l'U.R.S.S.

Enfin, nous sommes convaincus que ceux qui ont eu le privilège de participer à ce Congrès international qui, comme je l'ai dit, est un événement unique dans l'histoire de la classe ouvrière mondiale, sauront appliquer les résolutions qui ont été ici adoptées avant que ne s'écoulent dix nouvelles années, et que la plupart, sinon toutes les délégations des pays ici représentés pourront, lors du 20e anniversaire, non plus seulement saluer cet anniversaire et prêter leur collaboration à un nouveau développement que nous attendons avec certitude de nos camarades russes, mais venir ici représenter les ouvriers de leurs pays libérés du joug du capitalisme et de l'exploitation (*Applaudissements*). Si nous voulons atteindre ce but, nous ne devons pas abandonner notre travail un seul instant. Nou retournerons dans les pays d'où nous venons pour mettre fin à l'esclavage que nous subissons et pour aider, par tous les moyens possibles, nos camarades russes, en suivant l'exemple qu'ils nous ont donné.

Enfin, au nom de la délégation britannique, nous nous déclarons heureux d'avoir eu l'occasion de vous réunir pour discuter et examiner les propositions qui vous ont été soumises, et nous sommes certains que chaque délégation fera son possible pour appliquer ces résolutions et que l'exemple qui a été donné par ce congrès sera suivi dans chaque partie du monde où se trouvent des ouvriers exploités par le capitalisme. (*Applaudissements*).

Je déclare clôs le Congrès des Amis de l'U.R.S.S.

RÉSOLUTION
sur le rapport de A. Rykov

Les représentants des ouvriers, paysans, coopérateurs, travailleurs intellectuels et peuples opprimés, réunis à l'occasion du 10ᵉ anniversaire de la révolution d'Octobre, à Moscou, au congrès des amis de l'U.R.S.S. et des défenseurs de l'œuvre de la paix entre les peuples, prennent note avec la plus grande satisfaction du rapport dans lequel le camarade Rykov, représentant du gouvernement de l'U.R.S.S. au congrès international, rend compte de l'activité de ce gouvernement, rapport vérifié de *visu* et en toute liberté par les délégués de tous les pays. L'U.R.S.S. est le seul pays du monde où le gouvernement trouve possible et nécessaire de rendre compte de son activité, non seulement devant les travailleurs de l'U.R.S.S., mais aussi devant les représentants des travailleurs de tous les pays. Déjà, le seul fait de la communion internationale du gouvernement de l'U.R.S.S. avec les représentants des autres nations, fait inconnu dans les annales des rapports internationaux des Etats capitalistes, constitue un témoignage vivant de la grandeur historique et de la justesse de l'œuvre qui a été accomplie il y a dix ans et qui, malgré toutes les tentatives des Etats impérialistes pour la détruire, demeure solide et inébranlable comme un roc. Au nom des travailleurs qu'ils représentent, les délégations participant au congrès affirment leur solidarité indéfectible avec les ouvriers et les paysans de l'U.R.S.S., qui ont pris l'initiative dans l'œuvre de transformation de la société sur des bases socialistes, pour l'avènement d'un monde où l'on ignorera les guerres, l'exploitation de l'homme par l'homme. Au nom des organisations qu'il représente, le congrès exprime sa ferme intention de défendre, par tous les moyens à sa disposition, les conquêtes de la révolution d'Octobre contre toute agression impérialiste de la part des puissances capitalistes. En même temps, se basant sur l'étude de la vie économique et sociale dans l'U.R.S.S., faite par les participants au congrès, ce dernier déclare :

Les années de relèvement économique de l'U.R.S.S. constituent une preuve indiscutable de l'essor économique *sur des bases socialistes* d'un pays ruiné par la guerre. Le socialisme a prouvé sa vitalité du fait de la grande expérience qui s'étend sur 1/6 du globe terrestre. Et ainsi se trouve démentie la légende des économistes bourgeois affirmant qu'avec la disparition du stimulant du profit capitaliste, toutes les lois du développement économique se trouveraient renversées et que toute l'humanité entrerait dans une phase de complète dégénérescence morale et économique. L'expérience poursuivie durant 10 années par les travailleurs de l'U.R.S.S. a montré au monde qu'il existe d'autres stimulants de création économique : des *stimulants d'ordre socialiste.* Ce n'est que dans l'U.R.S.S. que la base régulatrice d'un plan préside aux rapports économiques, en supprimant ainsi l'anarchie qui domine dans les pays capitalistes, et en réduisant de plus en plus l'action des facteurs spontanés sur les rapports économiques et sociaux. C'est pour cette raison que le relèvement économique de l'U.R.S.S. constitue une victoire du socialisme sur le capitalisme.

Malgré l'état arriéré de la base technique de l'économie, l'industrialisation de l'U.R.S.S. se développe d'année en année. Les éléments de l'économie collectivisée refoulent systématiquement le capital privé des positions qu'il avait occupées lors de l'inauguration de la nouvelle politique économique. Dans le domaine de l'industrie et du commerce, le facteur socialiste de l'économie s'accroît d'une façon permanente. La concentration du commerce de gros et de détail entre les mains de l'Etat et de la coopération donne aux consommateurs ouvriers et paysans des avantages énormes. De nouvelles usines sont construites, l'outillage des anciennes usines est renouvelé, l'électrification fait des progrès rapides, et les campagnes, qui, sous le régime tsariste, étaient opprimées, se relèvent économiquement. Pour des millions de paysans du monde entier, qui ont jusqu'à présent cherché dans les pays capitalistes le salut dans l'union avec les capitalistes et avec les gros propriétaires fonciers, l'expérience de l'U.R.S.S. ouvre de nouveaux horizons en créant l'alliance des masses paysannes avec la classe ouvrière. La coopération pénétrant l'économie rurale, étant donné le rôle dirigeant de l'industrie socialiste, transforme l'aspect du village. Dans aucun pays du monde, la situation des travailleurs ne fait l'objet de tels soins que dans l'U.R.S.S., où la journée de huit heures constitue une acquisition solide de la classe ouvrière. Le fait qu'on se propose de passer à la journée de 7 heures, malgré la faiblesse économique de l'U.R.S.S., constitue un exemple des plus frappants de la tendance dominante dans l'U.R.S.S., à améliorer la situation de la classe ouvrière. Les Palais du Travail, les cités ouvrières, les maisons de repos pour les travailleurs, les sanatoriums, les maisons de la Mère et de l'Enfant, les crèches, les maisons d'enfants, les clubs, les bibliothèques, tout cela ne constitue que quelques traits isolés de la tendance générale et fondamentale à améliorer la situation matérielle et culturelle des travailleurs. Le pays où, sous le tsarisme, la majorité de la population était illettrée, fait actuellement une révolution culturelle de la plus grande importance. Les idées de solidarité et de fraternité des peuples, le respect du travail, l'idée de la justice sociale pénètrent et s'enracinent dans l'âme des enfants dès qu'ils commencent à aller à l'école. L'instruction, non seulement élémentaire, mais aussi supérieure, est devenue accessible aux ouvriers et aux paysans. Le niveau culturel des masses croît de jour en jour. Des couches formidables de la population participent à la vie politique et intellectuelle du pays, dans une mesure inconnue dans n'importe quel autre Etat. L'alliance entre la science et le travail n'est réalisée que dans cette Union soviétique, tant calomniée dans le monde capitaliste comme le pays de la violence organisée contre les intellectuels. Ce n'est qu'en U.R.S.S. que la science est réellement indépendante. C'est seulement dans ce pays qu'elle n'est pas exploitée dans l'intérêt d'un petit groupe aux fins d'extermination des masses, aux fins de guerre. L'U.R.S.S. est le seul pays où la science soit au service des intérêts de la vraie civilisation et de la vraie culture, c'est-à-dire au service des intérêts des plus larges masses éveillées à la vie politique et intellectuelle. Si, par « démocratie », on entend la participation des plus larges masses à la direction journalière du pays, une telle démocratie n'existe que dans l'Union soviétique. Aux peuples opprimés des colonies, aux nations balkanisées par les traités conclus après la guerre mondiale, à toutes les minorités nationales, l'Union soviétique montre l'exemple de plusieurs nationalités d'un degré de culture différent, fédérées dans une seule Union étatique, sur la base de l'égalité politique et économique réelle.

En présence de tels progrès, les délégués participant au congrès adressent leur salut chaleureux à tous les travailleurs de l'U.R.S.S. Ils s'engagent à agir par tous les moyens, dans leurs pays respectifs, pour préparer et organiser la défense de la première République ouvrière et paysanne, à lutter contre la guerre menaçant l'U.R.S.S. de la part du monde capitaliste, à dénoncer les intrigues de la diplomatie internationale qui prépare cette guerre, à intervenir partout contre la rupture des relations diplomatiques vec l'U.R.S.S., à s'efforcer d'obtenir la reconnaissance de l'U.R.S.S. par leur gouvernement, à soutenir partout l'initiative de l'U.R.S.S. dans le domaine du désarmement (tout en se rendant bien compte que les incendiaires impérialistes feront tout pour s'opposer au désarmement), à collaborer activement à l'action du prolétariat contre la guerre impérialiste, à défendre la cause des peuples coloniaux opprimes contre leurs oppresseurs et, en premier lieu, le mouvement révolutionnaire des masses laborieuses de Chine, à agir nationalement et internationalement pour réaliser l'unité du mouvement syndical sur la base de la lutte de classe.

Vive l'U.R.S.S. !

A bas les guerres impérialistes !

Vive la solidarité agissante de tous les exploités et opprimés dans la lutte contre le capital !

APPEL
du Congrès des Amis de l'U.R.S.S.

(*Adopté à la séance de clôture, le 12 Novembre*)

Contre la guerre impérialiste!
Pour l'U.R.S.S.!
Pour la Chine révolutionnaire!

Nous, représentants des ouvriers, paysans et coopérateurs, représentants des travailleurs intellectuels, exerçant leur activité dans les domaines des sciences, des arts, de l'éducation et de la culture ; représentants des peuples opprimés par l'impérialisme ; nous, social-démocrates, anarchistes, sans-parti, communistes, et membres des partis national-révolutionnaires, réunis au Congrès des Amis de l'U.R.S.S., à Moscou, dans les journées solennelles du Xe anniversaire de la révolution d'Octobre, considérons de notre devoir de déclarer hautement ce qui suit :

Nous considérons la guerre contre l'U.R.S.S. comme le pire acte contre-révolutionnaire qui puisse frapper le monde du travail.

Faire la guerre à l'Union soviétique, c'est faire la guerre à la classe ouvrière et aux paysans, au profit des propriétaires fonciers et des capitalistes. Faire la guerre à l'Union soviétique, c'est entreprendre une croisade contre le socialisme en faveur du capitalisme.

Déclarer la guerre à l'U.R.S.S., c'est déclarer la guerre aux travailleurs du monde entier, c'est donner libre cours à la plus sombre réaction internationale pour étrangler le mouvement ouvrier dans chaque pays et faire échec aux mouvements de libération des nations opprimées.

Faire la guerre contre l'Etat des ouvriers, c'est soutenir les nouvelles guerres impérialistes, de plus en plus réactionnaires, de plus en plus monstrueuses et de plus en plus destructives qui menacent d'anéantir définitivement la société humaine et de transformer en ruines les conquêtes de la technique, de la civilisation, de la science et de l'art, accumulées pendant des milliers d'années.

Nous appelons tous les citoyens honnêtes de tous les pays, nous appelons tous les ouvriers et paysans et tous les travailleurs intellectuels à combattre impitoyablement la préparation d'une guerre contre l'U.R.S.S., pays de la Dictature Prolétarienne, de quelque côté que vienne cette préparation, quels que soient ceux qui s'y consacrent et le mot d'ordre idéologique sous lequel elle s'abrite.

Le congrès constate que, durant ces derniers jours, la situation internationale s'est extrêmement aggravée. La politique d'après-guerre des plus grandes puissances impérialistes a complètement démenti toutes les phrases sur la « défense de la Patrie », la « guerre du Droit », la « dernière guerre » la « guerre pour la liberté et pour le progrès », etc.

Cette politique a trouvé son expression dans les traités de rapine de Brest-Litovsk, de Versailles, de Trianon, de Saint-Germain, etc. Elle s'est ensuite manifestée dans l'exploitation renforcée que subissent les populations des colonies et de l'Amérique Latine, toujours soumises aux violences barbares et ignobles des impérialistes chaque fois que, forte politiquement, elles tentent de se libérer des oppressseurs (en Egypte, aux Indes, en Syrie, au Maroc, en Indonésie, en Chine).

Le congrès cloue au pilori les gouvernements impérialistes fauteurs de tels crimes et décide de défendre par tous les moyens les peuples opprimés et, en premier lieu, le grand peuple de Chine engagé dans une lutte héroïque contre les forces coalisées des impérialismes et de la contre-révolution féodale et bourgeoise à l'intérieur du pays, cette dernière exterminant actuellement, sous le edrapeau de Kuomintang, qui reçoit l'aide des impérialistes, les meilleurs défenseurs de la libération nationale et sociale de la Chine.

Le congrès constate que cette politique des classes capitalistes provoque inévitablement des conflits entre les Etats impérialistes et une lutte acharnée de ceux-ci contre l'Etat de la dictature prolétarienne. Le congrès constate que la Société des Nations s'est entièrement démasquée en tant qu'alliance de combat des puissants Etats capitalistes, en tant qu'alliance dirigée en premier lieu contre l'U.R.S.S., pour la lutte impitoyable contre le prolétariat et le socialisme.

Ensuite, le congrès constate que, de même qu'il y a plus d'un siècle, à l'aube des révolutions bourgeoises en Europe, la bourgeoisie anglaise à la tête des coalitions dirigées contre la France révolutionnaire, de même elle est encore actuellement à la tête de la « Sainte-Alliance » des Etats capitalistes, dressée contre la République des Travailleurs.

La rupture du gouvernement conservateur de l'Angleterre avec l'U.R.S.S., les actes de violence sauvage et les assassinats ignobles des héros révolutionnaires chinois, le geste du gouvernement Poincaré exigeant de l'U.R.S.S. le rappel de son ambassadeur, la campagne de la presse bourgeoise contre l'Etat prolétarien, les actes terroristes, parallèlement à l'accroissement économique formidable de l'U.R.S.S. ; tout cela démontre la gravité du danger, tout cela est la preuve manifeste de la préparation d'une attaque contre l'Etat des ouvriers victorieux sur la sixième partie du globe.

En protestant contre l'arbitraire des impérialistes en Chine, et en dénonçant avec indignation leur politique envers l'U.R.S.S., en saluant la politique pacifiste de l'Union soviétique, le congrès déclare que c'est grâce seulement à la ferme volonté de paix du gouvernement soviétique que la guerre n'a pas encore éclaté. Le Congrès déclare que n'importe quel Etat impérialiste aurait déjà depuis longtemps pris les armes s'il avait eu à supporter les actes ignobles de violence que l'Etat prolétarien a subis à Londres, à Pékin, à Shanghaï et à varsovie, se laissant influencer par Paris et Londres (assassinat de Voïkov).

Le congrès déclare que la confiance des ouvriers, des paysans et de l'Armée rouge dans les buts de paix de leur gouvernement et la nécessité de défendre leurs conquêtes révolutionnaires, soulèvera les masses laborieuses sur tout le territoire de l'U.R.S.S. pour repousser victorieusement toute attaque étrangère.

Le congrès approuve l'initiative de l'Etat soviétique qui a proclamé la plate-forme de la Conférence du désarmement, convoquée par la Société des Nations. Considérant que le but principal de cette conférence est d'établir un accord entre les puissances en vue de leur armement contre l'U.R.S.S., le congrès invite tous les travailleurs et tous ceux qui luttent honnêtement contre la guerre impérialiste à soutenir, par toutes les mesures nécessaires, l'initiative du gouvernement soviétique en vue de dénoncer avec plus de force encore les mensonges propagés par la Société des Nations et par toutes les organisations qui la soutiennent.

Nous, représentants des ouvriers, des paysans laborieux, les intellectuels, révolutionnaires, des nations opprimées, nous lançons un appel pour la défense résolue et énergique de l'U.R.S.S. et de la révolution chinoise.

La PREPARATION systématique et organisée de L'ACTION DES MASSES peut seule être considérée comme une lutte honnête pour l'œuvre du socialisme, pour l'œuvre de suppression des guerres capitalistes.

Le congrès appelle tous les travailleurs, les paysans, tous les vrais partisans de la paix, tous les vrais défenseurs de la culture et de la civilisation à lever le drapeau de la lutte et, par tous les moyens, à combattre la préparation de la guerre dirigée contre l'U.R.S.S ;

A lutter contre le vote des crédits de guerre dans les Parlements capitalistes et impérialistes du monde entier;

A travailler en faveur de la solidarité des ouvriers des usines et des ouvriers en uniforme ;

A édifier le mouvement syndical dans tous les pays et à préparer le refus organisé de fabriquer et de transporter des munitions pour toutes guerres impérialistes ;

A travailler au sein même de toutes les organisations représentées ici et à porter à la connaissance des ouvriers des autres pays les faits concernant la Russie, à faire comprendre aux ouvriers que la guerre contre la Russie est une guerre contre la classe ouvrière du monde entier, afin qu'ils se préparent et se rallient pour la défendre.

TRAVAILLEURS MANUELS ET INTELLECTUELS ! DEBOUT !

Contre les forces scélérates du capital !

Contre les guerres barbares des impérialistes !

Contre la politique d'étranglement des impérialistes en Chine !

Contre l'intervention dans l'U.R.S.S. ! Contre le fascisme sanguinaire !

Luttez par tous les moyens, de toutes vos forces conjuguées, défendez, protégez l'U.R.S.S., patrie des travailleurs, forteresse de paix, foyer de libération, forteresse du socialisme !

TABLE DES MATIÈRES

- Imprimerie Centrale -

5, Rue Érard, Paris.

www.ingramcontent.com/pod-product-compliance
Ingram Content Group UK Ltd.
Pitfield, Milton Keynes, MK11 3LW, UK
UKHW022025170726
13837UKWH00001B/396

9 782329 196510